RENÉ GASNIER

VILLES AMÉRICAINES

Notes de voyage d'un Aéronaute
à la COUPE GORDON-BENNETT

ANGERS
GERMAIN & G. GRASSIN
IMPRIMEURS-ÉDITEURS
40, rue du Cornet et rue Saint-Laud

1909

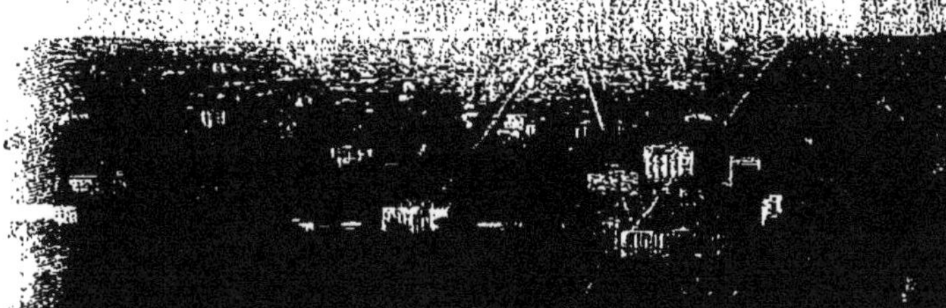

VILLES AMÉRICAINES

RENÉ GASNIER

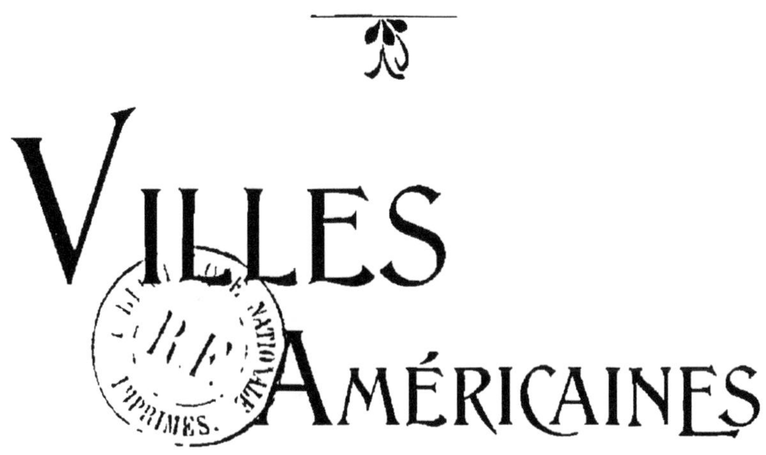

VILLES AMÉRICAINES

* * *

Notes de voyage d'un Aéronaute
à la COUPE GORDON-BENNETT

* * *

ANGERS

GERMAIN & G. GRASSIN, IMPRIMEURS-ÉDITEURS

40, rue du Cornet et rue Saint-Laud

—

1909

Le départ de *l'Anjou* à Saint-Louis.

I

La Traversée de l'Atlantique

La Traversée de l'Atlantique

Le voyage entre Paris et New-York est devenu extrêmement simple et rapide. Les paquebots, d'année en année plus grands et plus confortables, sont organisés de telle manière que l'on pourrait se croire dans un hôtel quelconque. Le passager au cœur marin y oublie facilement qu'il est en mer.

Malheureusement nous n'avons pas en France des ports permettant d'abriter des navires de très grandes dimensions. On dépense, en ce moment, un nombre respectable de millions pour réorganiser le port du Havre. Lorsque ce travail sera achevé nous aurons sans doute de beaux quais, de belles jetées en pierre, mais nous n'aurons aucun bassin capable de recevoir un paquebot de plus de deux cents mètres, alors que les navires de nos voisins auront probablement trois cents mètres.

Notre meilleur paquebot, *La Provence*, met plus de six jours pour faire la traversée du Havre à New-York. C'est une vitesse bien moindre que celle des navires anglais et cette raison fait souvent préférer la voie étrangère. Mais aussi le Havre n'est pas le port le plus proche de New-York et il serait désirable qu'on en choisisse un à l'extrémité de la Bretagne où les bateaux pourraient entrer à toute heure de marée, Brest ou Douarnenez par exemple. La traversée serait alors raccourcie d'une dizaine d'heures, ce qui permettrait de lutter avantageusement avec les autres nations.

Sur la ligne française, il faut cependant noter une supériorité, c'est l'amabilité du personnel employé à bord et le soin avecl equel on est traité. Ceci contraste avec la manière germanique, car tout marche militairement comme dans une caserne, sur les navires allemands. Puis notre renom de bonne cuisine ne se dément pas sur nos bateaux. On y a également mis tout en œuvre pour distraire les passagers : un excellent orchestre, un journal quotidien, qui grâce à la télégraphie sans fil relate les faits importants se passant à terre. Il est vraiment curieux, à ce propos, de mettre sur sa tête le casque récepteur téléphonique et d'entendre en langage Morse les mots envoyés par des navires que l'on croise au loin sans les voir. On se sent alors protégé par des aides invisibles qu'un seul mot ferait accourir en cas de danger.

Les Français ont placé à l'arrière du pont supérieur leur chère terrasse de café parisien plantée de petits arbres verts et qui pourrait laisser croire que l'on est dans un casino ayant une jolie vue sur la mer. Les

Allemands, eux, sur le *Kronprinzessin-Cœcilia* ont établi un restaurant. Ritz leur a loué ce palais flottant, exactement comme il loue son hôtel à Paris, et y a installé ses cuisiniers, ses maîtres d'hôtel et ses tziganes. Attendons-nous, dans peu d'années à voir s'ouvrir le long des ponts-promenades maintes bou-

L'arrière du pont promenade.

tiques ou nous pourrons en flânant aller faire nos achats. Le *Lusitania*, qui a près de cinq cents mètres de tour, pourrait déjà se permettre semblable fantaisie. Mais le prix de ces véritables villes flottantes est si élevé, leur entretien tellement coûteux, que c'est peut-être ce qui empêchera leurs dimensions de s'accroître encore.

Le principal bénéfice de nos Compagnies de navigation ne vient pas du passager de 1re classe, entouré d'égards et auquel il faut une cabine confortable et toutes les distractions de la vie contemporaine. Ce sont les émigrants qui rapportent le plus. Au nombre de 7 à 800 par navire, ils sont relégués en des profondeurs d'où on ne les voit jamais sortir. On les transporte pour 180 francs de Modane à New-York par le Havre. Ils sont, pour la plupart, de nationalité italienne. Le contraste saisissant qui existe entre ces riches et ces pauvres, séparés seulement par l'épaisseur du pont d'un navire, est de nature à suggérer de tristes réflexions au moraliste et au philantrope.

D'un côté, occupant la majeure partie du paquebot, se trouvent les salons, cabines, appartements (loués jusqu'à 8.000 francs) et vastes ponts-promenades. Tout cela pour une centaine de passagers ayant autour d'eux de nombreux domestiques empressés à leur moindre vomissement. De l'autre côté, 800 malheureux entassés les uns sur les autres attendent l'arrivée, le cœur étreint par l'angoisse de l'inconnu. On les empile dans des dortoirs à trois étages de lits où grouillent, les uns près des autres, pères, mères et enfants, méthode qui fait songer involontairement aux bateaux négriers d'autrefois, où les nègres, parqués malgré eux, voyageaient du moins sans payer. Cependant la misère des émigrants sur les bateaux paraît plus terrible qu'elle ne l'est réellement, à cause du contraste offert par le voisinage immédiat des passagers riches. L'émigration a été bien réglementée. On admet seulement les émigrants qui sont en bonne santé et en possession d'une certaine somme, et le prix du passage est minime en comparaison de ce que sont les salaires aux États-Unis.

En somme, les émigrants peuvent aller chercher du travail en Amérique aussi facilement que les ouvriers en France d'une ville à l'autre. Les Italiens reviennent généralement au bout d'un certain temps dans leur pays et y sont une source de richesse.

Si nos navires géants ne craignent ni la mer ni le vent, on y subit toujours une autre angoisse : celle de la brume, si fréquente dans ces parages de l'Atlantique. Aussi que de précautions ne prend-on pas ! Le commandant ne quitte pas son poste pendant des jours entiers, quatre hommes le secondent constamment ; deux autres hommes veillent dans le mât d'avant et deux autres encore tout à fait à la proue. La sirène hurle lugubrement toutes les deux minutes. Et, quand on sort le soir des salons brillamment éclairés et qu'on se trouve brusquement sur la passerelle dominant tout le navire qui, dans le noir mouillé, prend des proportions encore plus colossales, c'est un spectacle émouvant que de voir tous ces hommes anxieux, attentifs, les yeux fixés sur l'horizon fermé et trahissant la crainte constante de l'autre masse fantômatique, l'appréhension du navire inconnu qui peut surgir et détruire en un instant leur ville flottante.

Contre ce danger-là, d'ailleurs, la télégraphie sans

fil rendra les plus grands services. Elle sera indispensable à la navigation et aussi utile que la boussole, le jour où elle pourra indiquer dans quel secteur de la rose des vents viendront les sons envoyés au navire récepteur par le navire ou le phare expéditeur. Tout danger de collision disparaîtra alors et le brouillard sera le dernier ennemi vaincu.

II

New-York

New-York

Les lignes de navigation aboutissant à New-York sont si commodes et rapides que nous nous sommes habitués à considérer New-York comme le port d'Amérique le plus proche de l'Europe. Nous oublions la géographie et la configuration de la côte américaine qui court du S.-O. au N.-E. et met en réalité le Canada sensiblement plus près de nous que les États-Unis. Aussi, dès le quatrième jour de la traversée, on s'aperçoit, en regardant la carte où la position du navire est indiquée tous les jours que l'on a devant soi quarante-huit heures de voyage avant de parvenir à destination et que, pourtant, Terre-Neuve est à moins de deux cents milles sur la droite.

En arrivant en Amérique, il faut se préparer à voir un pays neuf à tous égards. Neuf, quant aux habitants qui ne forment véritablement un peuple que depuis la guerre de Sécession, neuf aussi au point de vue géologique, car l'Amérique était loin de ressembler à ce qu'elle est aujourd'hui à l'époque où notre vieille

Europe était déjà sortie des convulsions définitives qui l'ont faite ce que nous la voyons. Les glaces polaires couvraient le pays jusqu'au-dessous de New-York et la forme actuelle des grands lacs date à peine de quelques milliers d'ans. Certaines parties des montagnes rocheuses présentent une structure fort curieuse pour le géologue, qui peut y étudier les formations diverses subies par la croûte terrestre. Tous les spectacles de la nature sont en Amérique plus grands qu'en Europe : lacs, fleuves, baies, montagnes présentent des aspects de profondeur, de sauvagerie et d'immensité inconnus du vieux monde et, en dehors de la civilisation humaine si neuve et intensive, offrent au touriste un vaste champ d'intérêt d'observation et d'étonnement.

Par un joli matin de cet automne spécial aux États-Unis, que les Américains nomment *l'Indian summer*, nous arrivons en vue de la terre. Depuis quelques heures déjà nous croisons souvent ces belles goélettes de pêche qu'une fine mâture fait ressembler à des yachts. Vers 10 heures nous sommes devant Sandy-Hook, pointe sud du chenal qui aboutit à New-York. Nous stoppons alors pour prendre le pilote, qui ne nous attend point dans un de ces petits voiliers auxquels nous sommes accoutumés, mais bien sur un grand et solide vapeur croisant au large et guettant les navires. Après avoir traversé une première baie nous arrivons au Narrow, goulet de la rade de New-York. Le côté gauche de cette rade est bordé de jolies villas dont les pelouses vertes descendent jusqu'à la mer. A droite, on aperçoit au loin Coney Island, puis les maisons de Brooklyn.

Sur le toit du paquebot.

A mesure que nous avançons, les hautes maisons de New-York surgissent et le colossal jeu de dominos se dresse à nos yeux. Scène fantastique animée par un va-et-vient d'innombrables navires et vraiment unique en son genre !

Notre statue de la Liberté au milieu du port semble bien petite et mal proportionnée avec les choses qui l'environnent.

Enfin nous arrivons au *pier* de la Transatlantique, où un grand nombre de notabilités nous attendent : délégation de l'Aéro-Club, journalistes, photographes, etc... Nous débarquons sous cette vilaine construction de bois, voûtée comme une cathédrale, et qui aurait dû brûler mille fois dans un des incendies si fréquents ici. Je subis les sollicitations encombrantes et les multiples questions des journalistes américains et nous sommes photographiés sur toutes les coutures, avant de pouvoir prendre une voiture et gagner notre hôtel. Là, nous commençons à trouver que, si les maisons sont élevées, les prix le sont également.

Le *Waldorf* où nous descendons, bien qu'âgé de plus de dix ans, ce qui semble déjà vieux, est le type du colossal hôtel américain. D'autres hôtels le surpassent maintenant, surtout sous le rapport du goût et de la richesse dans l'ameublement. Cependant il forme un point central de la cité et ses salons sont toujours remplis l'après-midi, car les gens les plus élégants s'y donnent rendez-vous à l'heure du thé. Au rez-de-chaussée six ou sept cents personnes vont et viennent jour et nuit.

L'hôtel le plus luxueux de New-York doit être le Saint-Regis, plus calme et moins encombré que le Waldorf. Malgré ses quinze étages et ses 500 chambres, le Saint-Regis conserve une atmosphère d'intimité. Nous nous y sommes installés deux jours après notre arrivée et j'ai voulu visiter en détail ce « dernier cri » des hôtels américains, que son propriétaire, à juste titre, je crois, proclame le *best in the world.* Les dessous de ce petit monde renferment tout un peuple de machines à vapeur pour fabriquer la lumière, la chaleur et la glace. Une colossale blanchisserie lave tout le linge de l'hôtel et cela, bien entendu, sans que nul être humain s'en occupe. Le linge passe successivement à travers des machines variées qui finissent par le rendre tout prêt, plié et repassé. Le premier sous-sol est occupé par les cuisines et offices où se tient le personnel. On ne voit là que du marbre et de la faïence ; la propreté la plus minutieuse y règne. Les assiettes se lavent, sans l'intervention de personne, dans une eau bouillante et antiseptisée et sèchent ensuite sur des claies. Un homme enfermé dans une cage vitrée est employé, tout le long du jour, à sculpter des gâteaux et des pièces montées. Dans un coin, un système ingénieux de monte-charges munis de chauffe-plats et commandés électriquement assure le service entre les cuisines et les quinze offices des quinze étages. L'inévitable salon de coiffure et la pièce où se tient le cireur de chaussures gisent aussi dans le premier sous-sol. Les Américains, bien qu'ils aient les cheveux longs, ne portent ni barbe ni moustache et se rasent toute la nuque ; aussi les coiffeurs disent plaisamment qu'il leur est possible de faire leur besogne sans que le client enlève son chapeau. Dans les hôtels de New-York on ne met pas les chaussures à la porte de sa chambre car on risquerait de ne jamais les revoir. Il faut perdre, chaque matin, dix minutes à descendre chez le cireur, les domestiques dédaignant cette besogne inférieure.

Le rez-de-chaussée de l'hôtel Saint-Regis contient le hall, dont les portes d'entrée sont en bronze, les salons, bar, salles à manger, grill-room et l'indispensable collection d'ascenseurs qui doit nous conduire avec une vitesse prodigieuse aux étages supérieurs. Si l'on n'avait toujours la crainte du feu, il serait préférable d'habiter le quinzième étage. C'est celui où il y a le plus d'air et le moins de bruit. Notons en passant que l'escalier est toujours l'endroit le plus désert d'une maison américaine. Le premier étage du Saint-Regis contient toutes les salles de fête, un peu surchargées d'ornementation et de dorures, mais où l'on ne peut cependant relever de trop évidentes fautes de goût. On a dépensé là tout l'argent qu'il a été possible pour que tout soit le « mieux du monde » et, malgré les sommes élevées que paient les habitants de l'Hôtel Saint-Regis, on se demande comment le capital englouti par cette riche installation peut rapporter un intérêt suffisant. Au premier étage sont situés également des appartements particuliers de plusieurs pièces. L'un entre autres, avec sa salle à manger au plafond lumineux, ses buffets garnis de vaisselle plate, son salon tendu de tapisserie de Beauvais, est conçu dans le meilleur style de nos plus beaux appartements français. Les chambres des étages supérieurs ont toutes des cabinets de toilette, baignoires, etc... ; elles sont meublées d'un simple lit de cuivre, d'un bureau, de quelques chaises, de nombreux placards et d'une quantité de lampes électriques fonctionnant jusque dans ces placards. L'appareil de chauffage donne le nombre de degrés que l'on désire. Une double porte isole des bruits extérieurs. L'homme chargé du nettoyage des chambres se contente de visser un tuyau sur une « prise de vide » située dans le couloir, de promener son aspirateur dans l'appartement et de faire disparaître ainsi toute trace de poussière. Une femme de charge enlève les serviettes et les draps qui ne servent jamais deux fois, une femme de chambre les remplace et le service se trouve ainsi extraordinairement simplifié.

Il n'y a aucune sonnette; seul l'appareil téléphonique de chaque chambre communique avec les bureaux de l'hôtel et il suffit de décrocher le récepteur pour que l'on vous réponde immédiatement. On peut ainsi, de son fauteuil, téléphoner dans l'Amérique tout entière. Mais, si l'on ne parle pas anglais, on a beau se trouver en face de son téléphone, il y a peu de chance d'obtenir ce dont on a besoin.

L'habitude de cette vie active et pressée est vite prise. D'ailleurs l'air vif et pur de New-York doit contribuer beaucoup à stimuler l'énergie de la race anglo-saxonne.

New-York, où l'Europe se rencontre, a un cachet cosmopolite et ne donne pas comme les villes de l'Ouest une idée typique de l'Américain. L'habitant de New-York est plus policé et civilisé que ses compatriotes de Saint-Louis ou de Chicago. Cependant les hommes ne se saluent jamais entre eux; tous se sentent de la même race et le dernier des ouvriers s'adresse comme à son égal à un Carnegie ou à un Rockfeller.

Il est très facile de s'orienter dans New-York, grâce à la disposition régulière de la ville. Les avenues sont disposées à peu près N. et S. et les rues les coupent à angle droit E. et O. Les moyens de communication, tramways, chemins de fer (souterrains ou élevés) permettent de se rendre en tous lieux sans faire un pas. Le Métropolitain (Subway) comprend des trains omnibus et des trains express qui permettent d'aller très rapidement d'un bout de la ville à l'autre. Mais les voitures sont d'un prix exorbitant, hors de proportion même avec les autres dépenses. L'animation est extrême partout ; les tramways se succèdent à de très courts intervalles et ne s'arrêtent ni jour ni nuit. C'est à l'heure de la sortie des bureaux au pont de Brooklyn que la circulation devient la plus active et la plus intense, Là, les tramways se suivent à 10 mètres de distance et se croisent sur 7 ou 8 voies. Au-dessus d'eux courent les wagons de « l'Elevated » (chemin de fer aérien) ; au-dessous l'on entend gronder le bruit du Subway. Ajoutez à cela les voitures et autos en grand nombre, la foule des piétons se précipitant à l'assaut des tramways et, parmi cette cohue, les gamins de la ville se faufilant sur leurs patins à roulettes, et vous avez une faible idée de cette prodigieuse animation.

Le Président de l'Automobile-Club ayant mis une auto à notre disposition, nous avons pu nous promener aisément dans New-York et constater que la grande cité est généralement assez laide. En dehors des « buildings » monumentaux on ne voit, comme dans les rues de Londres, que des maisons de briques à deux étages.

Les avenues, occupées presque toutes par « l'Élevated », sont inhabitables à cause du bruit assourdissant des trains. La cinquième avenue, seule, ne connaît pas ce désagrément; aussi depuis la 45e rue est-elle bordée par les Clubs et les Palais où habitent les milliardaires et les grands industriels. Ces palais, copiés pour la plupart sur ceux de la renaissance française et italienne, ne font pas beaucoup d'effet, parce qu'ils sont trop entassés les uns sur les autres. Plus on avance vers le central Park, plus on trouve de petites maisons que leurs baies-windows et leur avant-corps de logis font ressembler aux villas anglaises.

Le « Central Park », traversé de belles allées, rendez-vous de promeneurs élégants, est d'un aspect agréable; mais il ne vaut pas le « River-side-Park » qui borde l'Hudson et offre une vue bien ouverte dominant ce superbe fleuve. Broadway est la rue, qui, le soir prend l'aspect le plus curieux. Les affiches et réclames lumineuses s'efforcent de s'y surpasser les unes les autres. On y voit des jets d'eau enflammés, des serpents de feu courant l'un derrière l'autre, des arrangements de lampes électriques simulant des feux d'artifice et éclatant de minute en minute, etc... Et partout des cinématographes où les spectateurs abondent et qui fonctionnent cependant depuis le matin jusqu'à minuit.

On ne voit à New-York aucune trace d'anciennes maisons ; la partie la plus vieille de la ville est devenue maintenant le quartier des affaires et il est rare d'y trouver un bâtiment de plus de vingt-cinq ans.

Le quartier des affaires, où se trouve l'amas des hauts « building » renfermant les bureaux, est celui qui réserve le plus d'étonnement au voyageur européen. Il faut, pour bien se représenter cette fièvre des affaires et du travail, sortir brusquement à l'heure du lunch d'une des bouches du Subway qui se trouve au bas de Broadway. Tout autour de soi, un flot d'employés se rue dans toutes les directions. Chacun est à la recherche de la sandwich qu'il faut rapidement dévorer avant de retourner au travail. (En Amérique, les deux principaux repas sont ceux du matin et du soir et la journée de travail dure pour ainsi dire sans arrêt de 9 heures à 5 heures.) En levant les yeux, on aperçoit, dominant cette foule et chevauchant les unes sur les autres, ces énormes maisons que leurs innombrables rangées de fenêtres agrandissent encore. La plus haute de toutes est le *Singer-Building*, avec ses 41 étages, au sommet desquels on aperçoit les ouvriers qui l'achèvent, travaillant dans le vide. On se sent alors perdu au milieu de cette foule, étouffé dans ces rues que les gigantesques masses environnantes font paraître plus étroites ; on est pris d'une espèce

Pont inférieur du bateau : les émigrants dansant.

d'admiration en songeant qu'au-dessous de soi, encore, la même activité règne, les chemins de fer grondent, les machines bruissent, et l'on comprend mieux la description de la cité future de Wells dans son livre prophétique : *Quand le dormeur s'éveillera.* Parmi ces choses colossales, cependant, une petite église entourée de tombes (seul reste de l'ancien New-York) semble placée là pour rappeler le néant de toute activité humaine.

Nous entrons dans l'un de ces buildings pour y voir l'office d'agent de change d'un de nos amis. Ce bâtiment est le *Commercial cable building* qui loue des appartements aux gens d'affaire et principalement aux « brookers », car il touche le stock-exchange. La foule s'y engouffre par la porte tournante, dont le mouvement est tellement rapide qu'on a peur de manquer l'entrée et de se faire écraser entre deux parois de verre. Au rez-de-chaussée, un bar, un cireur de souliers, une grande salle pleine d'appareils télégraphiques, une table où sont inscrits les noms des locataires ainsi que le numéro de leur appartement et qui désigne en même temps l'étage (car il y a plus de cent locataires). Parmi les ascenseurs quelques-uns s'arrêtent partout, d'autres seulement à partir du 10e étage De l'intérieur de l'ascenseur je vois passer rapidement ces différents étages encombrés d'allants et venants et je pénètre enfin dans le bureau de notre ami, où les pièces sont surchauffées suivant l'habitude américaine. Un grand tableau occupe tout le côté d'une de ces pièces. Des employés ne cessent d'y marquer, au moyen de fiches, les cours de la Bourse, qui changent à chaque instant et leur sont indiqués par un appareil télégraphique spécial, tandis qu'un autre appareil enregistre toutes les fluctuations des marchés étrangers au stock-exchange.

Des clients assis devant ces tableaux donnent leurs ordres, achètent, vendent et spéculent à ce jeu de la Bourse qui va leur coûter si cher dans quelques jours.

Je ne voulus point manquer de visiter le « Métropolitain Museum of Art » pour voir comment avec leur esprit pratique les Américains conçoivent l'arrangement de leurs collections et nombreuses copies. Ils possèdent de précieux antiques disposés dans un bon ordre chronologique et une quantité de reproductions exactes et fidèles, parmi lesquelles : les frontons du Parthénon, Notre-Dame de Paris, qui semblent un grand jouet d'enfant, et le Panthéon romain à l'intérieur duquel on peut pénétrer. Le « Museum of Art » contient, en outre, les moulages en plâtre des détails d'architecture de l'époque gothique et de la Renaissance. Le premier étage, consacré à la peinture, ne m'a pas semblé suffisamment ordonné. Les écoles y sont mêlées ; les bons tableaux voisinent avec des copies portées comme « originaux », mais les Français modernes y sont bien représentés par Gérôme, Detaille, Meissonnier, Rosa Bonheur, etc.

Notre premier devoir, comme concurrents de la coupe Gordon-Bennett, était, bien entendu, de nous rendre aux bureaux du *New-York-Herald*, visite qu'il faut faire à 11 heures du soir, quand on commence à imprimer le journal. Le *New-York-Herald*, contrairement à ses confrères, ne s'est point installé dans un haut building ; il occupe un palais de deux étages s'étendant sur tout « un bloc ». Au premier, les reporters et rédacteurs achèvent leurs articles devant des machines à écrire, au second, une trentaine de linotypes composent ces articles, tandis que les presses en mouvement rendent les flots de journaux tout pliés et prêts à être vendus. Dans les sous-sols se trouvent les ateliers des photographes qui travaillent jour et nuit sous la lumière éblouissante des lampes à arc remplaçant le soleil. Et du sein de cette vaste usine de nouvelles, tous ces travailleurs, comme les prophètes de jadis, distribuent la bonne ou la mauvaise parole et forment l'opinion de tout unpeuple. Le *New-York-Herald* du dimanche a plus de cent pages.

Les soirées sont faciles à passer à New-York, mais le monde et les endroits où l'on s'amuse y sont, comme partout ailleurs, d'une banalité qui ne vaut pas une description. Nous sommes invités un soir à une fête de l'Automobile-Club qui ouvre son exposition annuelle. Dans un speech aimable, le président souhaite la bienvenue aux aéronautes français et leur assure qu'ils doivent se trouver tout à fait chez eux à l'Automobile-Club, dont la salle principale est une reproduction d'une des salles du château de Pau.

Les théâtres ne m'ont fait qu'une impression médiocre. Je me souviens surtout d'un ballet de *Chorus-Girls* d'une souplesse agréable à regarder. Les pantomimes à gros effet ont toujours beaucoup de vogue et de succès. L'opéra est très suivi. Les ténors et cantatrices sont d'ailleurs des célébrités européennes.

Je suis allé plusieurs fois à l'« Athletic-Club », admirablement organisé, qui compte 4.000 membres et n'a réellement pas son équivalent en France. Il renferme une vaste piscine destinée aux concours de natation et aux matches de « water-polo », une salle de boxe où se livrent des combats célèbres dans lesquels le vainqueur gagne jusqu'à cent mille francs de prix, une immense salle de fête où se donnent des spectacles divers et qui sert également pour les exercices de gymnastique, enfin de nombreux salons et restaurants et une galerie formant une piste pour les courses à pied. Les autres clubs de New-York, où nous sommes souvent invités, ressemblent fort aux grands cercles de Paris. Ils sont agréables pour un étranger, qui peut profiter pendant huit jours des avantages qu'ils offrent à condition d'être présenté par un membre du Club. C'est, du reste, dans ces clubs où les Américains passent une partie de leur temps que l'on trouve la meilleure cuisine et le service le plus soigné. Au cours des dîners que l'on m'y a offerts, j'ai remarqué surtout l'usage de porter un nombre exagéré de toasts. Les restaurants, à part ceux dont la réputation est universelle, comme « Delmonico » et « Sherry », sont généralement inférieurs aux nôtres et offrent peu de différence avec eux. A peine y êtes-vous assis devant une table qu'on vous apporte le morceau de beurre et le verre d'eau glacée inévitables. Les Américains adorent cette eau glacée et lui doivent sans doute l'or qui encombre leurs dents. Dans tous les bureaux publics vous trouvez infailliblement la grosse bouteille à robinet, renversée sur une boîte à glace et, auprès, un seul verre servant à tout le monde. Les Américaines ont aussi la manie des sucreries et boissons glacées. Elles vont en absorber, soit dans les pharmacies, où l'on vend une variété de choses étrangères à l'hygiène et à la médecine, soit dans les innombrables pâtisseries, où sont inconnues les boissons alcoolisées.

Les bars ressemblent à ceux qu'on installe en France depuis quelques années; ils sont fermés du samedi au lundi. Le dimanche, du reste, même dans les hôtels, il est impossible de boire autre chose que de l'eau. Quelques restaurants aménagés dans de grandes voitures se transportent d'un quartier à l'autre, suivant les besoins de la clientèle populaire.

Bien que leurs maisons particulières présentent, tout le confort imaginable, les Américains habitent de plus en plus les grands hôtels loués par appartements et où le service est assuré par un entrepreneur. Cette façon d'agir épargne aux maîtresses de maison le souci de chercher elles-mêmes des domestiques toujours si difficiles à trouver, malgré les gages élevés qu'on leur offre. Mais on comprend aussi que les Américains soient séduits par les conditions différentes, plus intimes et moins coûteuses, de la vie française et qu'ils viennent chez nous où tout est trois fois moins cher que chez eux.

III

Saint-Louis

Saint-Louis

En quittant New-York nous nous rendons par le Pensylvania rail-road à Saint-Louis, lieu de départ des ballons concurrents pour la coupe Bennett. La gare du Pensylvania se trouve à Jersey-City, de l'autre côté de l'Hudson et l'on y arrive, après avoir traversé une partie du port de New-York, par un de ces curieux et énormes *ferry-boats* appartenant à la compagnie du chemin de fer. Le ferry-boat est, pour ainsi dire, un prolongement de rue, transportant piétons et voitures d'une rive à l'autre.

Les chemins de fer américains ne comptent qu'une catégorie de wagons qui ne sont pas séparés par compartiments comme les nôtres mais ressemblent plutôt à des tramways. En dehors de cette catégorie, « les Pullmans » forment la classe de luxe. Le train rapide qui nous emporte à Saint-Louis ne comprend que des « Pullmans ». La locomotive est pareille à celles des chemins de fer de l'État en France. Les wagons communiquent, non par un étroit soufflet mobile, mais par un large et confortable passage; leurs extrémités courbes permettant de les placer très près les uns des autres. Ils n'ont ni nos tampons, ni nos chaînes d'attelage, mais deux poignées de fer qui s'accrochent automatiquement. Ce train possède : salon de coiffure, salle de bain, bar, fumoir, restaurant. Les voitures, bien plus larges, longues et luxueuses que les nôtres, méritent réellement leur nom de « palace ». Le service y est admirablement fait par des nègres et tout paraît d'une propreté scrupuleuse. Le sleeping a deux rangées de deux étages de lits séparés au milieu par un couloir. Hommes et femmes habitent donc le même long sleeping, système qui ne serait pas facilement adopté en dehors de l'Amérique. D'ailleurs un épais rideau protège les couchettes, qui sont fort larges, et chacun s'habille et se déshabille dans la sienne. Une femme de chambre se tient à la disposition des voyageuses. L'après-midi les lits sont transformés en banquettes. Le dernier wagon est un grand salon plein de bons fauteuils et doté d'une bibliothèque. Un homme se tient là pour faire la correspondance des voyageurs avec sa machine à écrire. A l'arrière du salon se trouve une terrasse entourée d'une balustrade de cuivre et abritée par une tente. De cette place on peut agréablement regarder le paysage s'enfuir. On a souvent parlé du sans-gêne des employés américains, mais je n'ai jamais remarqué que cette observation fût fondée. Les employés, il est vrai, viennent s'asseoir dans toutes les places du train ; mais, comme ils sont propres et mieux tenus qu'en

Europe, on ne peut pas les trouver plus désagréables que tout autre compagnon de route.

Le pays qui sépare New-York de Saint-Louis, à

Le débarquement du ballon.

part la curieuse courbe du Horse-Shoe (au passage des Alleghany), est assez monotone, mais les trente heures nécessaires pour le franchir ne paraissent pas longues dans un train qui offre tant de distractions et de confortable. En avançant vers Saint-Louis, on voit surgir les petits villages construits tout en maisons de bois, très spécialement américaines et qui offrent une proie si facile aux incendies. La voie qui traverse ces villages n'est pas close par des barrières et une cloche sonne sur la locomotive pour prévenir les gens de se garer (aussi comprend-on les nombreux écrasés indiqués par les statistiques). La ligne qui, au départ de New-York, était quadruple, finit par devenir unique quelque temps avant d'arriver à Saint-Louis et, dans les croisements, ce sont les employés du train eux-mêmes qui font l'aiguillage et les manœuvres. Les petites gares où l'on passe sans s'arrêter ne sont plus que de simples baraques de bois ou même d'anciens wagons.

Au moment de notre arrivée à Saint-Louis, le ciel s'obscurcit et c'est dans un brouillard de fumée que nous entrons en gare. L'aspect de la ville est sale et triste ; l'air n'y est plus pur et clair comme à New-York. D'innombrables usines brûlent un charbon gras dont la fumée retombe en lourde poussière.

La « Coupe Gordon-Bennett » préoccupe beaucoup l'opinion publique. Tous les journaux sont pleins d'articles à ce sujet. Les magasins garnissent leurs vitrines de ballons en miniature portant les noms et les vagues images des aéronautes et les marchands de musique éditent des *Valses aériennes*. Nous passons les quelques jours qui précèdent le concours en fêtes et réceptions données en notre honneur.

A Saint-Louis, les gens d'affaires font partie d'un

« day-club » (club de jour), où l'on peut déjeuner seulement. L'un de ces clubs, situé au sommet d'un building, offre une vue splendide sur le Mississipi. On nous y présente quelques notables de Saint-Louis qui, dès l'annonce de la course internationale de ballons, ont fondé un Aéro-Club offrant cette particularité qu'aucun de ses cinq cents membres n'est jamais monté en ballon.

Saint-Louis se divise en deux parties : celle des « affaires », sale et enfumée, et celle des parcs et villas, où il doit être agréable d'habiter. Les villas sont en général construites sur trois ou quatre modèles comprenant toujours un péristyle et des colonnes.

Les routes sont presque toujours mauvaises en Amérique, mais le réseau des tramways électriques s'étend très loin aux environs de chaque ville et même d'une ville à l'autre; on pourrait presque aller de Saint-Louis à New-York en tramway. Chacun d'ailleurs peut louer un tramway de luxe formé d'un grand salon, d'un office, toilette glacière, etc... pour s'y promener à volonté. C'est dans un de ces riches véhicules qu'on nous amène jusqu'au « Jefferson-Barracks », camp militaire situé à 19 kilomètres de Saint-Louis pour assister à une parade militaire donnée en notre honneur. Ce camp, dont il n'existe que deux ou trois autres modèles en Amérique, est le lieu où l'on envoie les recrues afin de les dresser, deux mois avant leur départ pour le régiment, et où les officiers eux-mêmes viennent faire des stages d'instruction. Cinq compagnies d'une centaine d'hommes y demeurent. Nous sommes reçus par le colonel qui nous introduit au cercle. La musique joue nos différents airs nationaux et la parade commence. Les cinq compagnies exécutent divers déploiements sur la pelouse qui entoure leurs casernes et les villas des officiers, mais elles semblent loin d'égaler même ce que font nos troupes au bout de quelques semaines d'instruction. En effet, le recrutement n'est pas obligatoire dans la libre Amérique. La solde mensuelle de quatre-vingt-dix francs qui est offerte n'arrive pas à tenter suffisamment de gens et l'on prend ce que l'on trouve pour arriver à constituer une armée bien peu homogène.

Saint-Louis, par rapport à New-York, est tout à fait « la province », du moins pour ce qui concerne le genre, l'allure, les costumes des habitants, qui ont eu moins de contact avec le vieux monde et sont moins foncièrement voyageurs, ce dont on s'aperçoit immédiatement. Car l'éducation des Américains qui ne sont pas venus en Europe est inachevée et présente d'évidentes lacunes. Ils sont décidés à mettre leur pays au-dessus de tout et pourtant si, parmi eux, dans la classe élevée, quelques-uns ont l'esprit ouvert et cultivé, il faut reconnaître que leur classe moyenne est inférieure à la classe moyenne en France. Les gens y sont plus bornés, l'ardeur de la course à l'argent les absorbe et leur enlève la bonhomie et le bon sens qui règnent chez nous et, de plus, le nationalisme à outrance les étouffe.

La classe ouvrière, d'une façon générale, est certainement la plus heureuse. Les ouvriers sont payés très cher, logés très bien en des appartements agréables qui comprennent presque toujours une chambre de bain ; aussi ont-ils tous une tenue soignée ; ils travaillent du reste le plus souvent avec des gants et, leur labeur fini, prennent, sous le veston égalitaire, le même aspect que tous les autres citoyens.

IV

La Coupe Gordon-Bennett

La Coupe Gordon-Bennett

L'avant-veille de la course, on nous offre l'inévitable banquet, qui est présidé par le secrétaire général de l'Exposition Universelle de Saint-Louis, le gouverneur Francis. Les personnages officiels prennent place à une table en fer à cheval, à l'intérieur de laquelle d'autres tables sont dressées pour réunir, sans les mêler, les représentants des différentes nations. Au-dessus de chaque place flotte un petit ballon et le menu lui-même est des plus aéronautiques. Le dîner se termine par de nombreux toasts et je suis chargé de parler au nom de l'Aéro-Club de France; mais je commence à trouver qu'on est bien bavard de l'autre côté de l'Atlantique. Enfin, à travers toutes ces fêtes, le jour de la course arrive. Le « stand » d'où nous devons partir se trouve dans des parcs environnant Saint-Louis. Le temps se montre calme au moment du départ, ce qui est une vraie chance, car dans cette plaine sans abri, le vent eût déchiré les ballons sans qu'on puisse les préserver ni les maintenir. Des tribunes immenses bordent le stand de deux côtés. Une équipe de soldats prête son concours aux ouvriers que nous avons amenés de Paris. Ceux-ci ne parlent pas anglais et ont peine à se faire comprendre des soldats pour qui ce travail est tout à fait nouveau; aussi résulte-t-il de ces rapports improvisés une certaine confusion.

Le gaz est envoyé par une forte pompe sous une pression à laquelle nous ne sommes pas habitués en Europe et les ballons s'emplissent trop vite. De plus, le gonflement est irrégulier car les hommes chargés des valves se refusent à les manœuvrer lorsque nous le demandons; mais on finit par venir à bout de ces difficultés dues à un manque d'expérience de la part des organisateurs. Une nuée de journalistes et de photographes nous entoure et les minutes sont rythmées par le déclic des « instantanés ». Deux ou trois cent mille personnes peuplent le champ de départ. Les Américains jugent qu'il est utile de faire partir les ballons à des intervalles de 5 minutes régulièrement espacés comme s'il s'agissait d'une course d'automobiles ; il résulte de cette presse un peu d'agitation superflue. A 4 h. 25 mon ballon l'*Anjou* s'élève doucement suivi par les sifflets de la foule ; mais en Amérique les sifflets de la foule sont le signe du plus vif enthousiasme.

Une légère brise nous pousse vers le Nord-Ouest et, tandis que le jour tombe, nous traversons le Missouri et le Mississipi. A mesure que la nuit s'avance, le vent tend à tourner au Sud. Le clair de lune est superbe et nous permet d'apercevoir un ballon concurrent et de causer avec ses aéronautes, puis nous planons tout seuls, mon second et moi, à 5 ou 600 mètres au-dessus de la vaste plaine qui forme le centre des États-Unis. De temps à autre, le cri d'un indigène apercevant le ballon ou un aboiement de chien troublent le silence. J'en-

Un coin de la rade de New-York.

tends aussi des coups de fusil et je suis heureusement hors de leur portée, car j'ai appris plus tard qu'on avait réellement tiré sur plusieurs ballons.

Il est facile de se reconnaître dans ces vastes plaines du Mississipi où tous les champs orientés N.-S. et E.-O. forment un gigantesque damier de lignes droites que les chemins de fer coupent pour aller d'une ville à l'autre. Aussi ai-je toujours su exactement où nous nous trouvions. Au lever du jour, Chicago est à trente kilomètres au nord et le vent nous pousse maintenant vers l'Est nous conduisant à 40 kilomètres à l'heure. La chaleur du soleil, dilatant le gaz, nous fait monter doucement et, dans l'après-midi, nous atteignons 3.000 mètres d'altitude. A ce moment nous planons au-dessus de Dayton, la ville des fameux aviateurs les frères Wright, qu'on n'avait pas encore vu voler à cette époque. Le bruit des nombreux puits à pétrole que l'on fore dans ces parages parvient jusqu'à nous. Le soir arrive; nous commençons notre deuxième nuit d'ascension et la fraîcheur va nous ramener vers la terre. Le lest, jeté de temps en temps, ralentit notre descente et nous finissons par nous tenir à cinq cents mètres du sol. Le vent qui, dans l'après-midi, nous poussait à 50 kilomètres à l'heure s'est ralenti et, plus nous baissons, plus il nous emmène au nord. Vers 9 heures nous traversons l'Ohio et un pays illuminé par des centaines de fours à coke et par des réservoirs de gaz naturel qui donnent leur force à toutes les usines. Bien que je n'aie pas jeté de lest depuis plusieurs heures, le ballon se met à remonter doucement et, malheureusement arrivé aux mêmes altitudes que la veille, il n'avance plus qu'à peine en se dirigeant, cette fois, vers le sud. Ouvrir la soupape pour redescendre abrégerait notre voyage; il faut donc, bon gré, mal gré, attendre une condensation qui nous ramènera vers la terre. Le fait se produit vers 2 h. 1/2 du matin;

nous redescendons alors à 1.500 mètres et arrivons à la chaîne des Appalaches dont les sommets les plus élevés atteignent à cet endroit de 14 à 1.500 mètres. Ce massif de montagnes mesure une centaine de kilomètres de large et, si nous avions échoué au milieu, il nous eût fallu plusieurs jours pour en sortir. Mais la brise a fraîchi et nous faisons maintenant 60 kilomètres à l'heure. Le spectacle de ces montagnes éclairées par la lune est admirable; j'entends le vent souffler dans les hautes forêts et le ballon accélère sa marche chaque fois qu'il franchit une crête. Nous nous trouvons souvent au-dessus des sommets et craignons de les toucher, mais le vent nous soulève à temps et seul notre guide-rope effleure les cimes en passant. Le jour se lève et le sol s'égalise et s'abaisse, nous retrouvons la plaine qui s'étend jusqu'à la mer. Encore quelques heures, pensons-nous, avant d'atterrir au bord de l'Atlantique. Hélas ! à peine sortis du massif des Appalaches et quoi que nous fassions pour chercher un courant propice, nous sommes entraînés au sud par un vent parallèle à la chaîne de montagne et, par conséquent, nous diminuons la distance qui nous sépare de Saint-Louis. Il faut donc s'arrêter et, comme le pays est couvert de forêts, choisir une clairière. Nous atterrissons sans encombre dans un creux abrité du vent à 8 heures du matin, près de Mineral, en Virginie, ayant parcouru, en 38 heures 10 minutes, 1.080 kilomètres en ligne droite et plus de 1.800 kilomètres en comptant les détours. Il me reste encore neuf sacs de lest sur les quarante sacs que j'avais emportés; c'est dire que nous aurions pu continuer ce voyage toute la journée.

Une ferme toute proche nous offre la plus gracieuse hospitalité. J'abandonne momentanément le ballon, encore trop chaud pour que nous le pliions sans l'abîmer, et nous allons dormir quelques instants, ce qui ne nous était pas arrivé depuis quarante-huit heures.

Je suis à peine couché qu'un journaliste, tombé je ne sais d'où, me demande une interview.

Il a aperçu le ballon, l'a suivi et l'a découvert dans le champ où je l'ai laissé à dessein et en a conclu que nous étions morts de fatigue au point d'abandonner notre matériel. Il s'est empressé de télégraphier ces faits erronés aux journaux, qui ne manquèrent pas de reproduire sa fantaisiste narration. Ce journaliste imaginatif croit que je suis arrivé premier, aussi ne nous quitte-t-il plus. Il nous aide à sortir de toutes les formalités que nous devons accomplir, nous conduit à la gare la plus voisine, se préoccupe du ballon et porte nos bagages, animé qu'il est par l'espoir de toucher une forte prime pour avoir été le premier interviewer des gagnants. Il monte donc avec nous dans le train où déjà les journaux lui apprennent que quatre de nos concurrents, au lieu d'être entraînés comme nous au Sud, ont eu la chance de trouver des courants qui leur ont permis d'arriver jusqu'à l'Atlantique. Notre ami improvisé, sitôt après avoir lu ces nouvelles, disparaît n'ayant plus rien à tirer de nous.

La course Gordon-Bennett, décidément, ne porte pas chance aux Français et, cette année, c'est un Allemand qui l'emporte ; heureusement notre camarade Leblanc est classé second et n'a perdu la course que de quelques kilomètres par une malchance inouïe.

Un rapide nous ramène à New-York et une nuit en sleeping nous réconforte complètement. Nous apprenons à l'Aéro-Club d'Amérique les diverses phases des voyages aériens. Cette dernière course a fourni les plus longues ascensions connues jusqu'à ce jour, sinon comme distance, du moins comme durée.

V

Albany et Schenectady

Albany et Schenectady

N'étant plus maintenant qu'un simple touriste, il me reste le loisir de voir et d'étudier un peu les États-Unis pendant les deux mois que je vais encore y passer. Au moment de mon retour, New-York est dans un état de bouleversement et de confusion indescriptibles. Le fameux crach du 24 octobre vient d'éclater, la panique est à son plus haut point dans les affaires et l'industrie. Aucune phrase ne rendrait l'affolement des jours qui ont suivi cette crise. De la froideur anglo-saxonne plus rien ne subsiste ; le Stock-Exchange, où j'ai pu pénétrer, offre un spectacle de tumulte et d'agitation qu'il me serait impossible d'oublier. Chacun a retiré son argent des banques pour le transporter dans les *safe Deposit*, sorte de coffres-forts analogues à ceux loués par nos sociétés de crédit, mais d'un système bien plus perfectionné. Ces *safe Deposit*, construits en blocs de granit, sont placés dans les sous-sols d'un building et divisés à l'intérieur en petites cases que chacun peut louer pour y déposer ses fonds. Les portes présentent une fermeture des plus originales. Deux clefs, confiées à deux gardiens, les ouvrent; mais un enclanchement, commandé de l'intérieur par un mouvement d'horlogerie, empêche de les ouvrir avant l'heure qui a été fixée en les fermant. Si un voleur parvenait à s'introduire dans la salle, des jets de vapeur l'asphyxieraient immédiatement. On comprend qu'au moment du crach, les capitalistes aient préféré les *safe Deposit* aux banques pour y déposer leur argent; aussi toutes les cases sont-elles louées.

Personne ne songe plus à s'amuser, car on a souffert partout de la crise et les réceptions sont interrompues. J'ai vu, d'ailleurs, ce que New-York pouvait m'offrir de plus curieux et je pars sans regret, avec deux amis, pour aller visiter les chutes du Niagara, excursion de rigueur sans laquelle un voyage en Amérique resterait incomplet.

Nous partons d'abord pour Albany ; malheureusement nous avons oublié de retenir nos places dans le chemin de fer et cette négligence nous oblige à prendre les wagons ordinaires. On pourrait s'en accommoder pour de courts trajets, mais ils sont tellement remplis qu'on ne parvient même pas à y loger sa valise ; puis l'habitude des excellents fauteuils Pullman les fait paraître moins confortables encore. Nous commençons par longer les maisons de New-York à la hauteur du deuxième étage; la ligne, ensuite, court si près de l'Hudson qu'on se croirait en bateau. Le fleuve, presque bras de mer par la largeur, offre un coup d'œil superbe. Une haute muraille de rochers longe sa rive opposée; elle semble à pic au-dessus de l'eau; cependant on a trouvé moyen de la faire côtoyer par une ligne de chemin de fer, car j'y vois un train luttant de vitesse avec le nôtre. Il se rend également à Albany.

L'arrivée à New-York.

En Amérique, les Compagnies rivales établissent souvent ainsi des lignes parallèles ; avant d'être syndiquées elles cherchaient à l'emporter l'une sur l'autre en voiturant les voyageurs aux plus bas prix. D'énormes docks en bois s'échelonnent tout le long du fleuve, la vie continue sur l'eau avec la même activité que sur terre. Avant d'arriver à Albany, nous avons pendant quelques instants une jolie vue sur les Alléghanys. Un jeune ingénieur français, que le directeur de la Thomson-Houston a envoyé au devant de nous, vient nous recevoir à la gare. Il nous fait visiter rapidement la ville qui, malgré son titre de capitale de l'État de New-York, me paraît fort insignifiante. Son capitole ressemble en plus grand à une mairie de Paris. C'est un architecte français qui en a tracé les plans; mais, un Américain les ayant rectifiés, de nombreux détails accusent cette seconde paternité. L'escalier intérieur, soutenu par de nombreuses colonnes, est d'une conception originale; il semblerait joli sans les ornements de mauvais goût qui le surchargent. Les salles du Sénat et la bibliothèque sont arrangées très richement, suivant la coutume américaine.

En sortant du Capitole, nous prenons le tramway pour Schenectady, dont nous sépare une distance de trois quarts d'heure. Cette ville, inconnue des Européens, compte cependant plus de cent mille habitants. Elle s'est bâtie en dix ans et donne bien l'impression de cette rapide croissance ; trois ou quatre rues seulement possèdent des maisons en pierre ; le bois domine partout ailleurs. Des fils électriques innombrables s'étagent au-dessus de nos têtes; pas un seul quartier n'offre un aspect de luxe et de plaisir comme dans la plupart des autres cités ; on se sent au cœur d'une ville laborieuse dont un entourage de grandes usines accuse encore le caractère industriel.

Nous ne nous y arrêtons d'ailleurs que pour visiter

les ateliers de la Compagnie générale électrique dont nous connaissions le directeur. Cette société occupe, en Amérique, plus de cinquante mille ouvriers et sa plus vaste usine, qui en compte 15.000, se trouve effectivement à Schenectady. Notons cependant qu'on évite aujourd'hui ces grandes agglomérations de travailleurs et qu'il paraît suffisant de réunir les ouvriers par trois ou quatre mille au maximum dans un même endroit. La Compagnie générale électrique exploite les brevets Thomson Houston et fabrique une quantité prodigieuse d'appareils électriques : dynamos, moteurs, turbines à vapeur et hydrauliques. Nous visitons les ateliers de montage les plus grands du monde et qui renferment les plus grandes dynamos (15.000 chevaux). Un hall immense contient la fonderie : d'un côté nous sommes aveuglés par l'éclat intense du métal en fusion coulant dans les moules, de l'autre on nous recommande de marcher avec précaution car des pièces de métal sont à refroidir sous le sable et, si le pied en touchait une, il serait complètement brûlé. Les salles d'ajustage sont les plus grandes que je connaisse, quoique j'aie visité déjà un certain nombre d'usines à l'étranger comme en France. Les parquets de fer où l'on travaille les grosses pièces mesurent plusieurs centaines de mètres carrés. Des wagonnets électriques servent à transporter les matériaux d'un atelier à l'autre. Un restaurant pouvant contenir mille hommes à la fois se trouve dans l'usine ; à l'heure des repas chacun s'y précipite à l'assaut et les derniers arrivés ont à peine le temps de manger avant que la sirène annonce la reprise du travail. On y sert pour un *quartier* (1 fr. 25) un lunch assez substantiel et qui doit être terminé dans les vingt minutes, tous les ouvriers se succédant à table par séries de mille. Ajoutons que l'usine emploie cinq cents dactylographes et que deux mécaniciens sont occupés uniquement à réparer les machines à écrire; ces chiffres disent assez l'importance des travaux exécutés. Depuis un an ou deux, les ingénieurs font leur correspondance au moyen d'un phonographe qui enregistre leurs paroles et les répète ensuite à la dactylographe. M. Houdens, un des chefs de l'usine, nous invite à son club, présentant le même confort, en plus petit, que ceux de New-York. Au cours d'une conversation avec nos hôtes nous nous plaisons à comparer les mœurs et les habitants de nos deux pays. Les Américains nous reprochent de n'importer à l'étranger que des cuisiniers et des modistes (pour ne pas dire autre chose) et nous prêtent des mœurs dissolues. Toujours le vieux cliché : Paris, la Babylone moderne. Ces faits ne sont allégués, il est vrai, que dans les classes populaires ; les ingénieurs qui ont voyagé en France reconnaissent notre supériorité sans amertume. Nous pouvons, de notre côté, critiquer bien des choses et des usages américains : d'abord ces lois qui, variant d'un état à l'autre, permettent si facilement le divorce et réduisent la femme mariée au rôle de maîtresse légitime. Le vice est plus caché en Amérique qu'en France, mais il n'y prospère pas moins. La famille, le foyer n'existent qu'à l'état de nom; les hommes font des affaires et vont au club, les femmes passent leurs journées avec leurs amies dans les pâtisseries ou à leurs clubs parti-

L'entrée de Broadway.

culiers; les principes d'économie qui nous sont chers leur restent parfaitement inconnus; elles prodiguent sans scrupule l'argent gagné par leurs maris.

Cependant elles font preuve d'une instruction très supérieure à celle des hommes, que le souci des affaires absorbe uniquement, et j'ai trouvé souvent leur conversation des plus intéressantes.

Je me sépare à regret de ces amis d'un jour ; un tramway nous ramène, dans la nuit, à Albany et nous prenons un sleeping pour Niagara-fall. Mon mauvais destin m'a condamné, dans le sleeping, à un lit supérieur; il est aussi malaisé d'y monter que d'en descendre, une seule échelle servant pour tous les lits, et je m'étonne que les Américains n'aient pas installé là encore un système d'ascenseur perfectionné. Je remarque de nouveau la politesse et les attentions des nègres du Pullman, particulièrement pour les voyageuses; ils remettent à chacune un sac de papier destiné à protéger leurs chapeaux de la poussière. Quant aux hommes, quelques minutes avant l'arrivée, ils les brossent énergiquement avec un petit balai, signe que l'heure du pourboire est proche.

Il est bien plus agréable de voyager ainsi la nuit quand les régions que l'on traverse n'offrent aucun site particulièrement intéressant ; les grandes villes étant généralement séparées par des trajets d'une dizaine d'heures, on en quitte une le soir pour se retrouver le lendemain matin dans l'autre, aussi dispos que si l'on sortait de son hôtel.

Une journée se trouve gagnée de la sorte, grand bénéfice dans un pays où l'adage connu : *time is money* sert de règle universelle.

Même pour un voyage de trois ou quatre heures et si l'on prend un train ne partant qu'à minuit ou une heure du matin, le sleeping vous attend en gare à partir de neuf heures du soir; si, au contraire, on arrive dès le lever du jour au terme de son voyage, il n'y a qu'à rester dans le wagon remisé sur une voie de garage jusqu'à ce qu'il vous plaise de vous lever. Avec ce respect pour le confort et le bien-être des voyageurs, les Pullmen arrivent à réaliser des bénéfices extraordinaires. Il faut reconnaître ici encore que l'Amérique est un pays des plus agréables pour ceux qui tiennent aux commodités de la vie.

VI

Les chutes du Niagara

Les Chutes du Niagara

Nous arrivons le matin à la petite ville de Niagara et, après avoir pris notre repas dans un joli hôtel de bois tranquille et hospitalier, nous nous dirigeons vers les chutes. Un grondement sourd se fait entendre et augmente à mesure que nous avançons, nous faisant déjà pressentir qu'une force puissante est proche. Bientôt nous apercevons la brume légère qui s'élève et remplit l'espace entre les deux rives du Niagara. Nous atteignons la balustrade, d'où l'on découvre d'un seul coup d'œil le fleuve d'une largeur de deux kilomètres tombant d'une hauteur de 60 mètres. Je ne sais par quels termes décrire ce prodigieux volume d'eau se précipitant, sans arrêt, et la sensation d'écrasement, de stupéfaction que produit la vue de cette force en mouvement. L'eau qui tombe ainsi, c'est la chute du temps réalisée sous nos yeux, chute inexorable de tous les instants, sans recul ni interruption. Nous considérons les remous qui s'avancent jusqu'à nos pieds, lentement, comme à regret, puis arrivent au-dessus du vide pour être entraînés subitement, disparaître et ne laisser derrière eux qu'une vapeur et une écume qui remonte en pluie fine. Le soleil, en frappant sur ces gouttelettes, forme de tous côtés des arcs-en-ciel, des irisations de l'effet le plus ravissant. Nous passons dans l'île qui sépare les deux chutes, le côté canadien et le côté américain. Les arbres ont encore des feuilles dorées par l'automne et cette « île aux chèvres » solitaire, peuplée de calmes futaies, est un bien joli coin perdu loin des usines qui enlaidissent le côté inférieur des chutes. Nous ne nous lassons pas d'admirer les effets changeants de l'eau et des couleurs variant suivant l'épaisseur plus ou moins grande de la veine liquide. En certains endroits, du côté canadien, la masse d'eau sur la chute a 7 ou 8 mètres d'épaisseur; elle apparaît d'un vert plus foncé et fait rejaillir plus haut les embruns. Après avoir endossé des vêtements de caoutchouc, nous descendons par un étroit escalier au pied des chutes et là, sur une légère passerelle, nous nous engageons sous une partie des cataractes et parvenons à « la grotte des vents » située derrière la nappe d'eau qui tombe avec un bruit de tonnerre et nous envoie des douches glaciales. C'est à peine si je puis ouvrir les yeux ; nous sommes tous attachés les uns aux autres et nous cramponnons à une balustrade de fer. Le vacarme est assourdissant, tous les éléments semblent déchaînés.

Tandis que nous revenons en arrière pour terminer

cette excursion sous-marine, les couleurs du prisme se jouent autour de nous, miroitent et changent comme les voiles d'une Loïe-Fuller. Enfin nous regagnons notre hôtel, un peu glacés par cette longue douche, d'ailleurs d'un excellent effet pour stimuler l'appétit.

Soldats américains gardant les ballons.

Le service de l'hôtel est fait par des nègres. Ceux-ci, plus aimables et moins hargneux que leurs collègues blancs, sont les meilleurs domestiques que l'on puisse trouver de l'autre côté de l'eau. Leur caractère léger et frivole m'est assez sympathique. Leurs défauts même sont amusants; on comprend toutefois que les Américains se soient émus et révoltés lorsqu'ils ont vu s'armer des droits civiques ces grands enfants dont les tout récents ancêtres étaient encore des sauvages africains. L'esclavage n'aurait pas dû cesser brusquement à la suite d'une guerre, mais bien s'éteindre graduellement, car c'est une évolution et non une révolution qu'il faut à un peuple, et surtout pour apporter la solution d'aussi graves problèmes moraux. Cette « question noire », dont on ne s'inquiète guère dans le nord, soulève toujours dans les États du sud, où l'élément nègre est plus nombreux, de grosses et perpétuelles difficultés. Nous passons une après-midi à visiter les usines qui empruntent aux chutes d'eau leur force motrice. J'ai, pour compagnon de voyage, un ingénieur qui, suivant l'instinct de sa profession, est vite rassasié des beautés du paysage ; il désire surtout voir la puissance des machines et la transformation de la colossale force liquide en fluide électrique qui portera au loin de si redoutables énergies. Grâce à ce compagnon, je puis pénétrer dans un grand nombre d'ateliers et observer plus de choses qu'il n'est généralement permis de le faire à un simple touriste. Les murs et es tuyaux énormes de ces usines placées au-dessous des chutes nuisent un peu à la sauvage beauté du site. Aussi les gouvernements des États-Unis et du Canada viennent de signer des arrêtés obligeant les constructions industrielles à se dissimuler le plus possible. Une vaste usine m'a semblé particulièrement intéressante ; elle est encore en construction et on y installe ces énormes dynamos que nous vîmes il y a quelques jours à Schenectady. Douze turbines de 14.000 chevaux les font tourner. Pour arriver jusqu'à elles, il faut se laisser glisser le long d'un câble en pente de 300 mètres de longueur, arrivant au bord du fleuve; un plateau suspendu à quatre chaînes sur lequel on se tient debout constitue l'unique véhicule. Il n'y a pas d'autre chemin à prendre, car on ne trouve ni escalier, ni échelles. En quelques secondes nous sommes à l'autre bout du câble. J'admire l'habileté des monteurs qui manient les grosses pièces sans bruit, sans paroles inutiles. Obéissant à leurs gestes silencieux, les ponts roulants, les grues électriques vont, viennent, remuent de lourds fardeaux, qui prennent leurs places et s'ajustent comme par enchantement.

Parmi mes souvenirs du Niagara, un des meilleurs est la promenade que nous fîmes à la nuit tombante sur le côté canadien. Nous remontions à pied le long de la rive gauche. Le bruit des cataractes diminuait graduellement et les bois qui bordaient la route la rendaient très obscure. A un détour du chemin nous-aperçûmes devant nous une grande construction faiblement éclairée et, à mesure que nous avançions, nous voyions se détacher des colonnes et se préciser un vaste palais dont les larges escaliers descendaient jusqu'à la route. Nous gravîmes quelques marches et la lueur des lampes électriques doucement tamisée par des verres dépolis nous dévoila un jardin à la française dont les parterres bien ordonnés s'étendaient à droite et à ganche.

Encore quelques pas et nous franchissons les colonnes de pierre, nous foulons un dallage de marbre et, jetant un regard à travers de larges baies, nous découvrons une immense salle blanche pavée de mosaïque et dont le plafond très élevé est soutenu par des colonnes. Le silence y règne et quelques lampes illuminent seules ce désert. En écoutant, nous percevons un ronflement léger et continu. De place en place émerge du dallage une tourelle d'acier d'environ deux mètres de hauteur et quelques hommes, que nous n'avions pas remarqués tout d'abord, semblent méditer ou sommeiller dans des fauteuils. De temps à autre l'un d'eux se lève, s'approche d'une des tourelles d'acier, y observe attentivement quelque chose de mystérieux, fait un ou deux gestes et va se rasseoir. Je ne sais si je dois poursuivre ma visite ou quitter ces lieux en emportant l'impression que je me suis égaré dans la forêt et que je suis arrivé devant le palais d'une fée. Car cette demeure énorme, silencieuse, presque déserte, éclairée de lueurs étranges, surgit plus inconnue, plus légendaire que les fantastiques résidences des contes de Perrault. Mais nous sommes ceux qui savent et que l'extraordinaire n'émeut plus, il n'y a plus maintenant rien d'impossible ni d'incroyable. Le palais magique et tranquille recèle une force active et colossale et, dans ses flancs, gronde la puissance de deux cent mille chevaux.

Les nouvelles lois obligeant à respecter le paysage donnent cette brillante et mystérieuse apparence à ce qui n'eût été sans cela qu'une simple usine de fer et de brique. Le charme est rompu, nous pouvons entrer et considérer les choses d'un point de vue plus positif. Un ascenseur nous conduit à 50 mètres de profondeur au-dessous du sol. C'est là que tournent les turbines qui communiquent le mouvement aux dynamos

Quelques reporters photographes à la Coupe Gordon-Bennett.

enfermées dans les coupoles d'acier de la grande salle. Ici le bruit est devenu intense ; la pression fait jaillir des gouttelettes d'eau aux joints des tuyaux géants que l'on est impuissant à rendre complètement étanches. La première fois qu'on laissa l'eau pénétrer dans ces tuyaux calculés trop légèrement, ils éclatèrent sous la pression du liquide et tuèrent plusieurs ouvriers.

Le principe qui régit ces turbines est tout à fait différent de ce que nous avons vu dans l'autre usine le matin. Nous découvrons que notre vieille Europe a encore du bon, car la première des machines que nous admirons fut construite à Zurich. Ce qui est véritablement prodigieux et n'existe nulle part ailleurs, c'est l'énorme somme de force accumulée en un même lieu et dirigée, mise en mouvement par un nombre infime d'ouvriers. Les courants électriques sont si puissants qu'il serait impossible de manœuvrer à bras les commutateurs des différentes lignes. On les commande électriquement au moyen de petits leviers disposés sur un seul tableau. Les courants vont jusqu'à 200 kilomètres de distance éclairer les villes, distribuer la force aux usines, communiquer le mouvement aux tramways.

Il faut faire à Niagara une promenade classique dont cependant on parle peu, hypnotisé que l'on est par les cataractes. Cette promenade consiste à descendre le long de la rive gauche pour revenir par le côté États-Unis. On peut voir ainsi une série de rapides fort curieux se succédant pendant une vingtaine de kilomètres. Le courant y est si violent à certains endroits que l'eau repoussée des bords s'élève pour former entre les deux rives comme une sorte de dôme. Tout le monde connaît les différentes tentatives faites pour descendre en bateau les chutes du Niagara et comment quelques téméraires sont restés victimes de ce stupide exploit, tandis que d'autres y ont réussi en se jetant du haut des chutes dans des tonneaux fermés.

VII

Buffalo

Buffalo

C'est à regret que nous quittons la petite ville de Niagara où se sont attardés pour nous les derniers beaux jours de l'automne. Nous prenons, pour nous rendre à Buffalo situé à une trentaine de kilomètres un tramway plus agréable que le chemin de fer, car il nous permet de contempler à notre aise une route fort jolie longeant le lac Érié. Nous traversons toute la ville et allons déposer notre bagage à la consigne de la gare où nous payons 50 centimes par colis, au lieu de deux sous comme en France. Baedeker en main, nous nous mettons en devoir de visiter rapidement la ville. Mais nous sommes bientôt assaillis par les offres d'automobilistes qui conduisent de grandes voitures semblables à celles où l'agence Cook promène ses clients à travers Paris. Je trouve plaisant de faire le « Cook's tourist » et de me promener dans ces voitures, en compagnie de quelques Américains d'aspect peu milliardaire. La lourde machine s'ébranle lentement ; il n'y a point à craindre pour elle d'excès de vitesse.

On voit beaucoup de villas à péristyle et à colonnes bâtis sur ce type auquel nous sommes maintenant habitués. Autour de ces villas nulle clôture séparative, seulement des gazons et des fleurs. Devant les portes, au bord du trottoir, s'élève souvent une grosse pierre où est inscrit le nom du propriétaire et qui doit servir surtout à aider les cavaliers à se mettre en selle.

Nous parvenons à un grand parc bien aménagé. A Buffalo, comme dans toute autre ville américaine, le parc est un objet d'orgueil pour les habitants et on y trouve les seules bonnes routes du pays. Ici tout un côté du parc sert de cimetière ; mais ce n'est point un de nos tristes cimetières européens. Les tombes sont semées çà et là comme au hasard sur les vallonnements et les pentes de terrain. Les monuments n'encombrent pas ; une seule pierre sous un arbre indique seule d'ordinaire qu'un mort repose là. J'ai aimé ce cimetière paisible et sans tristesse au sein de la verdure. Nous reprochions aux Américains leurs villes trop régulièrement construites et pour ainsi dire tirées au cordeau. Reste à savoir si les lignes droites nuisent à une harmonie architecturale d'ensemble et empêchent une ville d'être belle. Mais en tout cas nous combinons nos cimetières comme ils combinent leurs villes et nous alignons les tombes avec une rigoureuse symétrie. A Buffalo, les morts n'ont pas un décor spécial et invariable ; le cimetière garde un aspect simple, tranquille et heureux. L'endroit où les tombes font place à d'autres choses humaines n'est souligné par aucun indice, aucune clôture ; des enfants y jouent auprès des nappes d'eau qui reflètent les palais proches où sont renfermées de précieuses collections artistiques.

Durant notre promenade et jusque sur la hauteur où nous sommes montés pour admirer une belle vue du lac Erié, notre cornac n'a cessé de nous crier à

Type de Villa américaine.

l'aide d'un énorme porte-voix, le nom des endroits « sensationnels », celui des villas où demeurent les plus riches habitants de la ville en ajoutant : « Un tel à tant de dollars ». En face des tombes cependant, il néglige de nous avertir qu'un tel eut tant de dollars. Une course effectuée dans ces conditions est amusante une fois à titre de curiosité, mais ce doit être terrible de voyager ainsi en bande pendant des jours et des jours sous la direction rigoureuse d'une agence. Il vaut mieux, quand on désire supprimer ainsi l'imprévu, la fantaisie et même les difficultés des voyages, rester dans sa chambre et s'y contenter d'un cinématographe perfectionné.

Nous avons la chance, à Buffalo, d'assister à un de ces incendies qui se multiplient toujours en Amérique.

Mais l'incendie, quoique encore assez violent, semble toucher à sa fin. A part les curieux contenus par un rang de policemen, rien n'est changé à la vie de la rue ; les ouvriers travaillent, les employés écrivent dans les maisons voisines, comme si rien d'anormal ne se passait sous leurs yeux, tandis que les pompiers grâce à des appareils perfectionnés, déversent des torrents d'eau et font couler un vaste fleuve entre les trottoirs.

La maison incendiée semble en moins mauvais état que les maisons voisines, noyées pour n'être pas brûlées et à moitié démolies sous l'action puissante des jets d'eau. Autour du lieu du sinistre les vendeurs de journaux crient déjà leurs éditions spéciales racontant tous les détails de l'événement.

En terminant à pied ma promenade à travers la cité, je remarque que, s'il n'existe pas de cafés tels que nous les comprenons en France, de nombreux bars offrent cependant, derrière leurs vitrines, des rangées de fauteuils où les gens boivent en regardant les passants. Ils sont alignés comme les figures d'un jeu de massacre et donnent à ceux qui les voient de la rue, l'impression d'une grotesque file de bonshommes en cire.

La nuit vient ; cette ville encore va s'effacer et sera remplacée demain par d'autres tableaux de voyage dont les successifs souvenirs embelliront et réjouiront nos mémoires plus tard. Nous épiloguons sur ces choses avec tant d'animation en nous dirigeant vers la gare que nous perdons notre chemin et arrivons une demi-heure en retard. Heureusement les trains sont, en Amérique, plus inexacts que les voyageurs et, malgré leur perfectionnement, il n'est pas rare de constater une heure de retard pour des parcours de peu de distance.

Nous avons donc le temps d'arracher nos bagages du « parcel room » et de nous précipiter dans un wagon.

Et bientôt nous roulons le long du lac Érié, vers Chicago.

VIII

Chicago

Chicago

Lorsque le nègre du « Pullman » vient m'éveiller, trois quarts d'heure avant l'arrivée à Chicago, j'aperçois déjà par la fenêtre les maisons et les cheminées d'usine indiquant l'approche de la grande ville. Longtemps le train passe parmi des usines, de misérables maisons en bois, des tentes, des campements, des rails et des wagons; puis viennent les maisons de pierre, les immenses gares de marchandises et enfin l'on s'arrête. Nous sommes à Chicago, qui détient le record du nombre de voies ferrées arrivant de toutes parts. Tout à l'heure je me rendais compte de ce fait en constatant la prodigieuse quantité de trains que nous croisions et qui allaient en tous sens. Quelques-uns même, en route sur une voie croisant la nôtre, attendaient pour traverser que notre train fût passé, exactement comme le font les voitures devant les passages à niveau.

A Chicago nous descendons à l'Auditorium, vaste construction donnant sur un large boulevard situé au bord du lac Michigan. Nous voyons le lac de nos fenêtres, malgré une esplanade où passent une quinzaine de voies ferrées et qui s'étend entre le boulevard et l'eau (j'allais dire la mer, pour parler plus justement de ces 500 kilomètres d'eau qui nous séparent de la rive opposée). Le touriste, avant de conter ses impressions sur Chicago, est tenu à citer quelques chiffres plus éloquents ici que n'importe quel discours. Il y a cent ans, sur cet emplacement où règne la grande cité, se trouvait un simple fort de bois et nulle maison ne s'élevait en dehors des palissades de planches qui l'entouraient. Aujourd'hui Chicago compte 1.800.000 habitants, la ville s'étend le long du lac sur une longueur de 45 kilomètres et les parcs qui l'entourent contiennent plus de 200 kilomètres de routes très bien entretenues.

Nous arrivons à Chicago un dimanche matin. La foule se livre de tous côtés dans les parcs aux jeux et sports en plein air. Les terrains de golfs, foot-ball, tennis établis dans les prairies offrent un aspect des plus animés et les larges voies qui y accèdent sont couvertes de voitures et d'autos. Je remarque de nouveau un très grand nombre de ces petites voitures électriques à deux places où les femmes se promènent toujours seules, faisant ainsi des promenades dans les parcs et leurs courses en ville sans mécanicien pour les accompagner. On voit aussi beaucoup de voitures à pétrole semblables aux nôtres. Peut-être y a-t-il cependant plus de voitures à deux places ayant la forme des voitures de courses; elles conviennent bien au caractère américain et on les nomme des run-about.

Les parcs renferment de petits lacs qui communiquent avec le lac Michigan et servent de port à de nombreux canots et yachts à voile ou à pétrole. A l'Est et à l'Ouest, le long des parcs, marquant le com-

Chutes du Niagara, côté Canadien.

mencement ou la fin de la ville, une large avenue assez pareille à la promenade des Anglais à Nice, côtoie le rivage. Les rues, le soir surtout, sont curieuses et amusantes à cause de leur animation. On y compte beaucoup de magasins de mode, d'une mode spéciale à Chicago et qui, souvent, nous fait sourire. Nous remarquons, chez une modiste, cinquante têtes en cire; elles sont montées sur des tiges et tournent lentement toutes ensemble pour faire admirer les chapeaux qui les coiffent ; plus loin, des étoffes voyantes et de couleurs crues sont drapées sur des mannequins et le même spectacle se reproduit à l'infini. Plusieurs magasins ont un service d'omnibus qui leur amène leurs clientes. Chez un cordonnier (ils sont innombrables), cinquante personnes sont assises en longues rangées, essayant des souliers avec l'aide d'un employé installé à califourchon sur un petit siège en face d'elles. Les réclames lumineuses abondent comme à New-York, l'animation me paraît plus grande que partout ailleurs et ferait oublier que nous sommes « en province ». On s'attarde devant la boutique d'un coiffeur où le service est fait par des dames, chose sans doute inusitée puisque ces figaros féminins excitent une si vive curiosité. Nous sommes attirés par la vue d'un immense bâtiment brillamment illuminé et qui ressemble à une forteresse mais que nous prenons pour un lieu de plaisir amusant à visiter. Fâcheuse illusion, il n'y a derrière ces murs tentateurs qu'une vaste salle parquetée où des jeunes gens, avec un bruit agaçant, se livrent à des exercices divers sur des patins à roulettes, sport très en faveur dans le pays.

A Chicago les hauts buildings commencent à passer de mode et une loi municipale vient d'interdire les maisons dont la hauteur dépassait 46 mètres, mesure déjà bien suffisante. Notre hôtel est, je crois, la construction la plus élevée de la ville ; on a, du belvédère, une vue curieuse sur les rues enfumées d'un aspect triste et laid, mais très particulier. L'hôtel lui-même se compose d'un seul bloc renfermant entre autres un immense théâtre servant aux usages les plus variés. Un dimanche matin, des affiches nous apprennent qu'une des nombreuses sectes protestantes de l'endroit a choisi ce lieu pour y célébrer ses offices. Nous assistons dans de bons fauteuils de balcon à la cérémonie : un prêche suivi de cantiques chantés par des chœurs où se distinguent de belles voix, puis une bénédiction dont les rites sont suivis dans le plus profond recueillement. Le soir, ce même théâtre nous offre une représentation de music-hall avec numéros très variés, troupe italienne d'opéra, acrobates et danseuses. Ces contrastes n'ont rien de choquant pour les Américains; ils disent qu' « on peut adorer le Seigneur en tout lieu ».

Je constate une fois de plus à Chicago, comme dans toutes les autres villes d'Amérique, qu'un grand nombre de personnes, et spécialement les jeunes gens, portent des lunettes, mais il nous est impossible de savoir à quelle cause rapporter le phénomène si fréquent de cette mauvaise vue. L'eau glacée, en revanche, la boisson américaine par excellence, nous donne la raison des nombreuses dents d'or dont se garnissent tant de mâchoires, y compris celles des ouvriers et des employés. J'ai vu un conducteur de tramway ouvrir une bouche aussi garnie de ce métal qu'un coffre-fort de milliardaire. Sans doute dans quelques siècles les anciens cimetières seront devenus des champs d'or et des compagnies se fonderont pour les exploiter.

Un matin, avant d'aller visiter les abattoirs, nous déjeunions dans un vaste *boarding-house*, sorte d'hôtel réservé aux familles qui louent des appartements à l'année, usage assez fréquent dans le pays. Celui dont je parle est un hôtel de deuxième ordre où les prix me paraissent modérés. Mais quel aspect sale et peu soigné et quelle différence comme service avec les grands hôtels ! Les habitués (ou locataires) viennent s'asseoir à leurs places, échangeant des bonjours d'une table à l'autre. Les nègres qui font le service présentent des types curieux : celui qui nous apporte la carte ressemble, avec son smoking crasseux et ses lunettes, à un vieux professeur tombé dans la misère; il marche courbé, à petits pas, et fait peine à voir. La nourriture est simplement exécrable, on se demande comment il est possible de la supporter toute l'année. De semblables petits faits expliquent cette soif et ce besoin de l'argent qui règnent en Amérique; il faut être riche pour vivre ici; dès qu'on sort de la « first class » et qu'on cesse de tout payer très cher plus rien n'est bien. Quel contraste entre ce *boarding-house* où nous déjeûnons si mal et nos bonnes auberges de campagne avec leurs menus plantureux, leurs hôtesses avenantes et la grande cuisine où reluisent les casseroles !

Les abattoirs de Chicago sont connus dans le monde

entier et « le riche marchand de cochons de Chicago » est depuis longtemps un personnage célèbre en Europe. Là, comme partout ailleurs en Amérique, triomphe l'éternel principe : tout faire en grand. Après les rumeurs qui ont couru sur les conserves empoisonnées, les récits des débris humains trouvés dans les boîtes de fer-blanc et les nombreux articles écrits à ce sujet, on s'efforce de faciliter aux étrangers la visite des abattoirs, pour leur prouver que tout s'y passe dans les règles et suivant les meilleurs principes de la charcuterie.

Un quartier de la ville est occupé par les « yards ». Deux compagnies en sont propriétaires : Swift et Armour. J'ai visité les yards de Swift ; pour en donner une idée, quelques chiffres s'imposent encore. La superficie des parcs à bétail est de 200 hectares ; ils possèdent 40 kilomètres d'auges à pâture, trente kilomètres d'abreuvoir et peuvent contenir 75.000 pièces de gros bétail, 50.000 moutons et 5.000 chevaux. Un tramway aérien passant au-dessus de tous ces parcs, où les animaux mangent paisiblement leur dernière ration avant le sacrifice, nous conduit au bureau où les guides attendent les visiteurs. On entre d'abord dans un grand hall d'exposition rempli par les produits de Swift « les meilleurs du monde » et par les coupes des wagons frigorifiques destinés à transporter la viande jusqu'à New-York. Puis la visite commence. Aux cochons l'honneur. Penchés sur une passerelle, nous voyons au-dessous de nous la foule des porcs arriver par un étroit escalier en pente jusqu'au pied d'une roue en bois, large disque d'environ 6 mètres de diamètre. Deux hommes prennent l'animal par une patte de derrière et l'accrochent à la roue, qui tourne sans arrêt, enlevant cinq ou six bêtes à chaque tour. Arrivés au sommet de la circonférence et toujours pris par une patte, les cochons glissent le long d'une tringle légèrement inclinée et passent l'un après l'autre devant l'égorgeur qui, d'un seul coup, leur ouvre la gorge. La bête qui hurlait et se débattait depuis qu'on l'avait saisie cesse tout à coup ses cris, tandis qu'un flot de sang s'échappe de son cou et que, déjà, l'homme enfonce son couteau dans la victime suivante. On tue de la sorte 6.000 porcs à l'heure. Une fois morts ils poursuivent leur chemin par la tringle roulante et passent successivement devant d'autres hommes qui les lavent, les grattent, les découpent, tant et si bien qu'en une demi-heure un cochon est prêt à fournir des jambons et des saucisses. On les laisse cependant reposer quatre heures avant cette dernière transformation. Les moutons sont égorgés de la même manière, mais leur douceur proverbiale rend la scène moins bruyante et moins agitée.

Tout se passe également dans le silence à l'abattoir des bœufs ; néanmoins le spectacle y est encore plus répugnant. Une centaine de bœufs sont tués, éventrés et dépecés tous ensemble, le sang ruisselle en cascades de toutes parts et une écœurante odeur de charnier remplit l'atmosphère. Je me souviens d'un nègre aux yeux brillants, rouge de sang des pieds à la tête, qui tranchait les jarrets des animaux d'un seul coup de son énorme coutelas; il semblait un cannibale sur un champ de bataille et je m'étonnais de ne pas le voir dévorer les morceaux sanglants qu'il venait de couper. Reconnaissons cependant que toutes ces horreurs

Chutes du Niagara, côté Américain.

s'accomplissent le plus soigneusement et le plus proprement possible. Des inspecteurs du gouvernement examinent même les animaux avant et après leur mort. Le guide nous fit remarquer avec insistance un énorme cochon qu'on venait de laisser de côté comme n'étant pas de bonne qualité et qui me paraissait magnifique.

Une série d'ateliers plus tranquilles est destinée aux fours à jambons. Ailleurs des robinets laissent couler à pleins bords la graisse dans d'innombrables-boîtes ; on utilise d'autres déchets à faire des savons. Partout les ouvriers s'occupent de leur tâche en silence, nous laissant admirer cette répartition merveilleuse du travail à laquelle nous commençons à être habitués. En sortant, je constate que j'ai mal au cœur pour le reste de la journée. Une fonderie de baleines que j'ai visitée aux environs d'Hamerfest, en Norwège, m'a seule laissé un souvenir plus pénible.

Avant de quitter Chicago nous visitons l'usine Pullman, située à 20 kilomètres de la ville. On y fabrique ces wagons de luxe dont nous faisons un usage presque quotidien. G. Pullman a fondé toute une ville pour ses 12.000 ouvriers.

Les rues s'y coupent comme d'habitude à angle droit ; elles sont bordées de petites maisons régulières dont l'aspect uniforme laisse une impression de tristesse en dépit de quelques larges avenues plantées d'arbres. Au centre de la cité un vaste édifice, l'Arcade, comprend les magasins, le théâtre et la bibliothèque. Nous visitons les logements d'ouvriers, installés bien plus confortablement que chez nous.

Un joli parc se trouve auprès de la ville. L'usine elle-même offre un sujet d'étude intéressant pour les spécialistes, mais il est inutile de donner ici des détails techniques sur la construction des wagons; je me contenterai d'en indiquer les points particuliers. Le fer entre à peine dans la fabrication des châssis; ils sont tout en bois d'une épaisseur d'environ 30 à 40 centimètres et bordés dessus et dessous comme un pont de navire de deux lames de bois en diagonale. Le tout est armé de tirants de fer et repose sur des *boggies* de trois paires de roues chaque. Ces boggies, peu employées en France, mais dont l'usage est courant ici, même pour de simples wagons de marchandises, adoucissent le roulement ; de plus, l'épais châssis de bois rend les wagons beaucoup plus confortables en les isolant du bruit des rails, avantage impossible à réaliser avec nos châssis de fer où un simple plancher sépare l'intérieur du wagon de la voie. Tous les wagons possèdent des doubles fenêtres et un système de ventilation qui combat victorieusement la poussière. J'ai vu en construction des wagons destinés aux potentats des chemins de fer; ils surpassaient, en luxe et en élégance, ceux de nos trains royaux d'Europe. Il va sans dire que les ateliers sont établis et montés avec tous les derniers perfectionnements industriels. Je remarque surtout dans la scierie et les ateliers de menuiserie une pratique installation d'aspirateurs destinée à enlever la sciure et les menus déchets.

IX

Pittsburg

Pittsburg

Après une nouvelle nuit de chemin de fer nous arrivons à Pittsburg, la cité de l'acier, et nous y retrouvons un de nos amis américains qui doit nous faire visiter les usines Carnegie. Pittsburg n'offre rien de particulièrement pittoresque. On y peut faire une promenade agréable, qui consiste à traverser le Monongahela, puis à grimper par un funiculaire au Mont Washington, pour apercevoir une vue panoramique de la ville qui s'avance sur une presqu'île formée par le Monongahela et l'Ohio. De là on observe le va-et-vient sur la rivière d'une multitude de bateaux de charbon et de vapeurs offrant toujours, comme sur tous les fleuves américains, leur unique grande roue à l'arrière.

Quand le vent chasse les fumées en arrière, on découvre alors un paysage clair; en d'autres circonstances, comme à Saint-Louis, on ne verrait qu'un épais brouillard étendu au-dessus de la ville.

Dans l'après-midi, un tramway nous conduit en une demi-heure à Homstead, où sont les usines Carnegie. En sortant de Pittsburg nous nous arrêtons d'abord à l'Institut Carnegie, que celui-ci fonda dans l'intention de favoriser l'avancement et le développement des arts et des sciences. Cet institut est entouré d'un beau parc et l'on doit convenir que les grandes fortunes des milliardaires sont utiles pour réaliser les grands projets que ne réaliseraient pas une foule de fortunes moyennes donnant pourtant le même total. Après avoir suivi pendant assez longtemps des rues bordées de maisons ouvrières, le tram s'arrête devant les « Homestead work's » qui sont une des usines de la Carnegie steel compagnie. Chaque usine fabrique une différente spécialité d'acier, mais le plus curieux est de voir le laminage des tôles. A perte de vue, de tous côtés, nous n'apercevons que des cheminées et des dédales de rails que nous traversons pour aller d'un atelier à l'autre. Les réservoirs de gaz naturel qui se trouvent dans cette région sur un rayon de plusieurs centaines de kilomètres sont ce qui a le plus contribué à accroître et à développer la cité ouvrière de Pittsburg. Le gaz, en effet, est amené par des tuyaux sans qu'on ait d'autre peine que celle de le recueillir et tous les fours sont chauffés par cette énorme force gratuite. Joignez à cet avantage considérable la proximité des minerais et la facilité des transports par chemin de fer ou rivière et vous comprendrez que cette ville soit un endroit unique pour fabriquer de l'acier à bon marché. Dans une des usines que nous visitons, le métal en fusion est amené par wagons des hauts fourneaux situés de l'autre côté de la rivière.

Le costume nécessaire pour passer sous les chutes du Niagara.

D'immenses halls contiennent deux rangées de fours où les barres de métal, une fois fondues, se réchauffent avant d'être laminées. Malgré les vastes proportions des ateliers, nous comptons très peu d'ouvriers et la besogne semble se faire toute seule. De temps à autre une porte de four se lève, une bouffée de chaleur nous arrive au visage et nous fermons les yeux, incapables de soutenir la vue du brasier éclatant. Une machine montée sur des rails arrive alors au bout du hall, s'arrête devant le four béant, pivote, plonge un long bras à l'intérieur du four et en retire avec dextérité entre deux pinces — on dirait deux doigts — une énorme barre d'acier chauffée à blanc et du poids de 5 tonnes. Puis l'intelligente machine se tourne de nouveau et s'enfuit avec ce bloc étincelant vers le laminoir sur les gros rouleaux de fer desquels elle dépose son fardeau pour retourner de nouveau vers les fours et continuer le même travail. Sur son passage on s'écarte en courant ; ses mouvements multiples et rapides sont souples comme ceux d'un être vivant. A peine aperçoit-on dans une guérite l'homme qui se trouve au centre de cette bête surhumaine et lui sert d'âme. Cependant le bloc incandescent qui fut ainsi apporté sur les rouleaux de fer est invinciblement entraîné vers des cylindres opposés, qui tournent au centre du laminoir et le broient au passage. Il sort à peine de leur étreinte que d'autres rouleaux encore le rejettent en sens inverse vers les cylindres dont l'énorme compression l'allonge et l'étire davantage à chaque passage. Pendant qu'ils accomplissent cette besogne, les cylindres sont constamment inondés de jets d'eau qui les empêchent de rougir au passage du bloc incandescent. Ce bloc d'acier qui, au début de l'opération, avait à peine deux mètres de long, affecte maintenant la forme d'une large feuille de tôle d'une quinzaine de mètres. Des moyens toujours mécaniques l'emmènent à l'autre bout de l'atelier où d'autres machines le saisissent pour le découper selon les dimensions requises. L'ingénieur qui nous accompagne ne nous fait grâce d'aucun détail et nous montre, entre autres curiosités, une grue magnétique destinée à charger les déchets de minerais. Ces déchets, qui peuvent peser entre 15 et 50 kilos, sont hérissés de pointes piquantes et les ouvriers ne les manieraient qu'avec peine. Pour obvier à cette difficulté on a donc muni une grue d'un disque de cinquante centimètres de diamètre auquel un puissant électro-aimant communique à volonté une force d'attraction suffisante pour faire adhérer les blocs de minerai. La grue suspend alors le tout au-dessus d'un wagon. Puis on coupe le courant électrique et les morceaux d'acier tombent dans le wagon.

Pour terminer notre visite, nous observons en détail le « dernier cri » des appareils de levage. Celui dont on nous fait les honneurs sert à charger les fours. Comme d'ordinaire il renferme au centre de lui-même un homme qui tient tous les leviers entre ses mains. L'appareil commence par se rendre à l'extrémité du hall, où il va chercher un train dont chaque wagon porte deux bacs de fer contenant le minerai, puis conduit ce train devant le premier four qu'il doit charger, abaisse un bras, saisit un des bacs du premier wagon, le soulève et le plonge dans le four dont la porte s'ouvre pour recevoir cette charge de 3 tonnes. Le bac se tourne alors pour permettre au minerai de tomber dans le brasier. Parfois un ou deux morceaux de métal restent accrochés au fond du bac. Alors l'appareil, comme avec un mouvement de mauvaise humeur, retourne vivement le bac une seconde fois pour tout laisser tomber. Enfin il sort son bras gigantesque du four, repose le premier bac pour faire la même opération avec le second et passe au four suivant, entraînant toujours les wagons à sa suite. Lorsque la charge de ces fours (il y en a une trentaine) est terminée, l'appareil se dirige tranquillement dans un coin de l'atelier et, sous de minces jets d'eau, allonge son bras presque rouge du travail qu'il vient de fournir, absolument comme le fait un ouvrier qui va se rafraîchir une fois sa tâche accomplie. Ces lieux où le travail intense et bruyant des machines est un contraste frappant avec le petit nombre des ouvriers qui les manœuvrent offrent véritablement un étrange spectacle et un profitable enseignement. Nous ne pouvons nous empêcher d'y retourner la nuit pour contempler l'aspect féerique du métal en fusion se coulant en gros blocs d'acier qui s'allongent eux-mêmes en feuilles rouges et pour voir ces masses de métal brillant remplir de gerbes de feu le hall des laminoirs au moment où elles passent entre les cylindres. Tandis que tout cela s'accomplit au milieu d'un vacarme assourdissant, un train amène des hauts fourneaux situés de l'autre côté de la rivière la matière en fusion qui éclaire le ciel de ses reflets rouges. La nuit est déjà avancée quand nous regagnons Pittsburg et de Pittsburg nous rentrons directement à New-York.

Je reconnais New-York avec plaisir. Je m'y retrouve comme en un lieu connu et famillier. J'y vois des visages amis. Un de mes camarades rentre en France. En le conduisant à bord, je remarque combien un navire, si loin soit-il de son pays d'origine, garde sa nationalité. Cette *Provence* qui emmène mon ami est déjà la France. Autour de moi des gens se disent adieu et s'émeuvent à la pensée du voyage du retour, des séparations... C'est toujours joli et triste le départ d'un paquebot.

Et le lendemain je quitte New-York pour Boston.

X

Boston

Boston

J'ai pris, pour aller à Boston, la *Shore line*, qui suit la côte, traverse de nombreuses rivières auprès de leur embouchure, laisse apercevoir de gracieuses baies et, de loin en loin, la mer luisant parmi la verdure. La route est semée de villas et de petits ports entourés de bois où sommeillent des yachts désarmés. En suivant cette côte bien abritée derrière des îles, on comprend combien il est aisé de passer d'une baie à l'autre en évitant les mauvais temps du large et combien toutes les conditions furent propices pour favoriser le développement du yachting aux États-Unis. Chaque Américain possède un bateau blotti dans une crique de la côte et, du samedi au lundi, durant toute la belle saison, quitte les affaires et la cité pour naviguer.

En novembre malheureusement, les yachts sont désarmés et la saison trop avancée ne me permet pas de faire, comme je l'aurais voulu, quelques croisières sur les côtes. En arrivant à Boston dans l'après-midi je suis frappé comme ailleurs du vilain aspect qu'offre tout d'abord une grande ville américaine. Pour parvenir aux quartiers élégants et animés du centre, il faut traverser une large ceinture d'usines et de chantiers, puis de misérables faubourgs. Je me dirige vers l'hôtel Touraine où je dois retrouver M. Gliden, l'automobiliste bien connu. Il est un de ceux qui contribuent le plus à développer le goût du tourisme, soit en offrant des coupes qui sont célèbres dans toute l'Amérique, soit surtout en prêchant d'exemple, car il a fait deux fois le tour du monde en automobile. Plus sage que bien d'autres Américains, il a jugé qu'on ne pouvait passer toute sa vie « dans les affaires » et partager sa destinée entre l'office et le club. Il a décidé que chercher à augmenter sans cesse sa fortune empêchait d'en jouir et d'en disposer selon ses goûts. Tous les ans il visite un nouveau pays et y parcourt 15 à 20.000 kilomètres en automobile, voyageant en touriste qui veut admirer et comprendre plutôt qu'en globe-trotter pressé comme l'étaient les concurrents de New-York-Paris. Aussi connaît-il parfaitement notre globe et les collections qu'il a rapportées en Amérique sont-elles des plus intéressantes. Il trouve pratique de n'avoir pas d'habitation personnelle et c'est à l'hôtel que je suis son hôte. L'hôtel Touraine, d'ailleurs, est celui où j'ai trouvé à la fois le plus de confort et d'intime élégance. On n'y sent pas la banalité des ordinaires caravansérails. Les salles de nos châteaux Renaissance servirent de modèles pour la construction et la décoration de ses grands salons.

Une vaste bibliothèque, dont le catalogue se trouve dans chaque chambre, contient un très grand nombre de volumes richement reliés qui sont à la disposition des habitants. Les nombreux tuyaux et fils qui déparent très souvent les intérieurs américains les

Bac aérien conduisant aux rives du Niagara.

plus luxueux sont habilement et complètement dissimulés et tout semble très européen.

Boston est la ville intellectuelle par excellence ; on l'appelle souvent l'Athènes américaine et le Bostonien se croit une très grande supériorité sur ses compatriotes. Boston est aussi la plus ancienne ville de la République et c'est de son sein que partirent les premiers gestes de révolte contre l'Angleterre.

Il reste beaucoup de souvenirs de ce premier essai de libération. En 1773, les Bostoniens jetèrent à la mer le thé apporté d'Angleterre malgré leur défense, et ce fut là le signal de la guerre de l'Indépendance. Or, en Amérique, les souvenirs qui remontent à plus d'un siècle paraissent colossalement vieux. Quelques maisons portent des plaques indiquant qu'elles furent construites 50 ou 80 ans auparavant, chose considérée comme tout à fait exceptionnelle.

Boston ressemble aux villes européennes. Les hauts buildings y sont rares et ne se trouvent que dans les quartiers des affaires. Et, malgré le développement des affaires et de l'industrie, on rencontre, dans cette intelligente capitale, bien des gens préoccupés d'art ou de science.

L'hôtel Touraine donne sur le « Boston commun », parc dont s'enorgueillissent les habitants, parce qu'il date de la fondation de la ville et fut réservé, dès 1634, à sa destination actuelle. Dans un coin du parc se trouve un ancien cimetière avec des tombes éparses sous les grands arbres, ainsi que je l'avais remarqué à Buffalo. En face se trouve le Capitole, dont le dôme doré s'illumine chaque soir. De nombreuses statues y sont rangées qui glorifient les hommes d'État de Boston, car les Américains prennent un soin scrupuleux pour se rappeler à eux-mêmes les faits anciens de leur histoire et tout ce qui peut leur constituer un passé. Ils gardent, dans leurs musées, des choses puériles et insignifiantes, n'ayant d'autre valeur que d'être vieilles d'un siècle. Dans l'une des salles du Capitole, assez curieuse, nommée justement *Salle des gloires*, on a réuni tous les drapeaux que suivaient les régiments des Massachussett dans la guerre de Sécession. Un écriteau indique qu'il faut enlever son chapeau et jeter sa cigarette en franchissant le seuil de ce sanctuaire, afin d'honorer mieux les héros morts pour conquérir l'indépendance.

Je parcours toutes les vieilles rues de Boston et je remarque que ce ne sont plus les rues tirées au cordeau, mais bien plutôt des rues semblables à celles d'une ville anglaise. Le vieil hôtel de ville est resté tel qu'il fut toujours : c'est une simple maison de briques sur laquelle on a conservé les emblèmes de l'Angleterre. D'un côté la Licorne et, de l'autre, le Lion. Auprès de moi passent, en chantant, des matelots d'un navire de guerre anglais et des matelots américains. Voici cinq générations, à cette même place, leurs ancêtres se battaient et les Anglais étaient jetés à la mer. Ces temps sont loin, une sorte de fraternité lie aujourd'hui les fils dissemblables d'une même race anglo-saxonne.

M. Gliden, étant fort connu à Boston, est dérangé souvent par des journalistes qui viennent l'interviewer et je dois raconter, moi aussi, pour la centième fois, les sensations de mon voyage en ballon et dire mon opinion sur les dirigeables, les aéroplanes et l'avenir de la navigation aérienne, afin de fournir la matière de longs articles aux journaux de Boston.

Je visite les principales banques et centres d'affaires Mais j'ai déjà vu ces choses en détail à New-York et je n'éprouve plus qu'un intérêt secondaire à savoir que la personne influente à qui l'on me présente détient bien des millions et qu'elle a été le fondateur d'une banque importante et d'un trust quelconque. Je commence aussi à connaître suffisamment les raisons qui ont amené le dernier crach, le fond chancelant de ces façades et le « bluff » qui se cache souvent derrière elles. L'Amérique, pays de liberté, s'aperçoit pourtant qu'une liberté complète n'est pas l'idéal et qu'il lui faudrait, comme aux autres nations, des lois restrictives ; mais elle se rend compte également de la difficulté d'élaborer ces lois, car, si l'on n'y prenait garde, l'on passerait vite et facilement, sans s'en rendre compte, du régime de la totale liberté au régime de l'autocratie absolue.

Les réglementations diverses et variées qui changent d'un état à l'autre gênent le commerce et l'industrie. Les banques dites « first, second, third national banks » que l'on trouve dans chaque ville n'ont pas de lien entre elles comme on pourrait le croire ; elles ne foment pas une seule et même banque comme notre banque de France et n'ont de commun que leur nom ; aussi le change varie souvent assez fortement d'un état à l'autre. Ce peuple est allé plus vite que ses moyens réels ne le permettaient. Il a bâti des usines, fondé des multitudes de compagnies, syndicats, trusts, etc., et, tout d'un coup, s'est aperçu qu'il n'avait pas assez d'argent pour parer à tant d'énormes entreprises. D'où une brusque secousse qui a tout arrêté. Mais quelques années remettront les choses au point et les Américains recommenceront à tout tenter avec leur bel espoir et leur vaillance habituels. C'est de cela surtout que j'entends parler à Boston en allant chez les uns et les autres. Cependant, le côté intellectuel de Boston m'attire davantage et je me rends à l'Université de Harvard qui se trouve dans le voisinage, afin d'y chercher un aperçu de la mentalité et de la vie des étudiants américains.

Grâce à l'amabilité et à l'influence du professeur Rotch à qui j'étais recommandé, je puis visiter en détail cette célèbre Université. Je suis présenté aussi à M. Wandell, président du Cercle français, dont le père vient d'écrire en notre pays un livre couronné par l'Académie Française.

L'Université de Harvard, la plus vieille et la plus célèbre des États-Unis, fut d'abord un séminiare fondé en 1636 par l'État de Massachussett. Elle tire son nom d'un legs qu'elle reçut, quelques années après sa fondation, de John Harvard, ecclésiastique puritain gradué de l'Université de Cambridge (Angleterre). Aujourd'hui, grâce aux dons qu'elle continue de recevoir, son capital monte à 63 millions. Elle est située à Cambridge, faubourg de Boston, près de Charles-River. Dès l'entrée dans le yard de l'Université, je sens que j'ai quitté l'Amérique fiévreuse et commerciale.

De grands arbres entourent les vieux bâtiments et

la partie ancienne où se trouvent les « dormitories » habités par les élèves peu fortunés. On y remarque un air de vétusté qui contraste avec l'aspect neuf de toutes choses ici et les élèves s'y plaignent de n'avoir même pas leur salle de bain. Au milieu du yard, une énorme construction moderne renferme un réfectoire qui contient des places pour cinq cents élèves; le hall sert de « Salle des gloires » et des plaques de marbre y commémorent le nom des élèves tués dans la guerre de Sécession. L'on sert, dans ce réfectoire, des repas très bon marché et l'on s'arrange pour faciliter aux jeunes gens de toutes classes l'accès de l'Université. Certains d'entre eux travaillent à différents métiers pour payer leur entretien. Aussi les étudiants sont-ils divisés en coteries diverses, à l'encontre de ce qui se passe chez nous, et quelques-uns de leurs clubs sont très fermés. M. Wandell, après m'avoir fait visiter le confortable appartement qu'il occupe avec deux camarades, me conduit à son club désigné par les trois lettres grecques Α Δ Φ et qui passe pour le plus difficile d'accès de toute l'Université. C'est une petite villa merveilleusement installée et aménagée dans le même genre que les clubs anglais. Le confortable fumoir est meublé de profonds fauteuils de cuir, la salle à manger ornée de boiseries sculptées du meilleur goût ; une grande salle sert à donner des bals dont les invitations sont fort recherchées. D'ailleurs, la cotisation annuelle des membres de l'Α Δ Φ se monte à 750 francs. On trouve donc, à Harvard, un contraste de luxe et de pauvreté auquel on ne s'attendait pas. Je visite d'autres clubs qui, auprès de celui-là, semblent peu de chose. Pourtant ils seraient trouvés

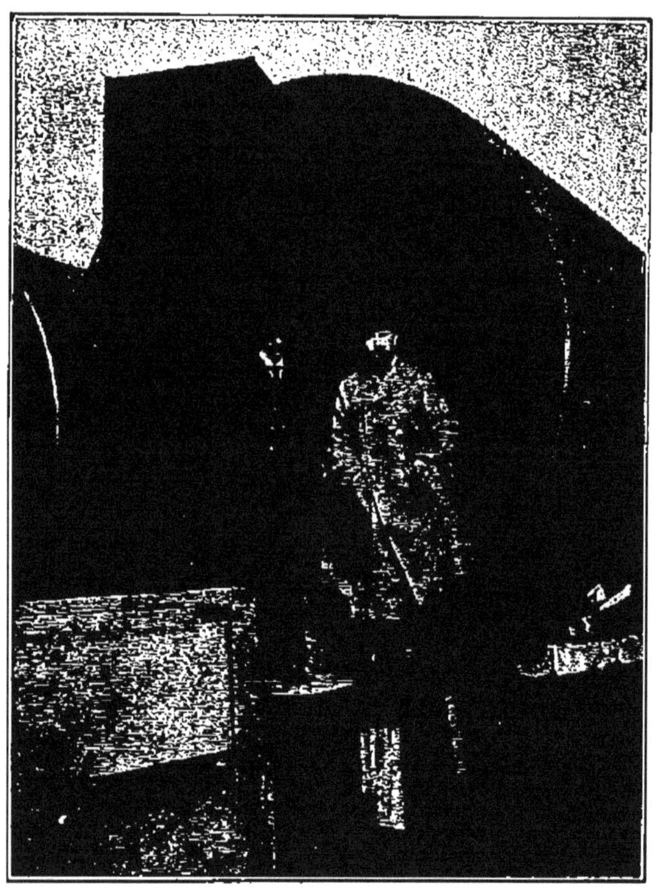

Intérieur d'un tuyau de turbine de 14.000 chevaux.

luxueux et superbes par les étudiants de nos Universités françaises. M. Wandell tient aussi à me faire les honneurs du Club français dont il est le président. Ce n'est qu'une modeste pièce où chaque membre apporte ses souvenirs de France. Les membres sont une cinquantaine environ. Ils jouent chaque année une pièce de quelque grand classique français et s'enorgueillissent de posséder sur leur cheminée la photographie de Sarah Bernardht avec une flatteuse dédicace.

Les étudiants américains sont plus libres que les français et s'absorbent moins dans leurs études et dans la préparation de leurs examens. Peut-être font-ils plus de besogne aux heures où ils travaillent. En tous cas leurs cours ont lieu le matin et ils ont généralement tout l'après-midi à leur disposition. C'est grâce à ce régime que plusieurs d'entre eux trouvent le temps de gagner leur vie matérielle, tout en s'instruisant, et que les plus fortunés se livrent aux joies du sport la plus grande partie de la journée.

Cette vie-là offre bien des avantages. Dans ces Universités, qui ressemblent infiniment peu à notre Quartier latin et où les exercices sportifs se poursuivent aussi vigoureusement que les études, on ne « fait pas la fête » : une « histoire de femme » causerait du scandale. D'ailleurs l'entraînement aux championnats de football, aux courses, au canotage exige une vie sobre et paisible.

Bien entendu, les salles de gymnastique et les pistes pour courses à pied sont superbes ; mais j'admire surtout au bord de Charles-River le garage des canots dû à la munificence d'un ancien élève. Dans aucun club du monde il n'est possible de voir rien de plus parfait comme installation de ce genre. Non loin de nombreux

« outriggers » et canots alignés sur des étagères se trouvent de vastes lavabos et une grande piscine. Chacun des étudiants qui s'entraîne possède une case particulière et l'entraînement des équipes qui doivent concourir pour les matches entre universités différentes se fait de la façon la plus scientifique, sous la direction de professionnels qui sont payés jusqu'à 10.000 francs et plus par an. L'hiver, l'entraînement s'effectue au moyen d'avirons à ressorts et dans une salle où de grandes glaces permettent à l'élève de s'observer et de corriger toute position défectueuse. Les entraîneurs professionnels ont à leur disposition, pour suivre les équipes sur l'eau, deux canots à vapeur très rapides qui sont toute la journée sous pression et les autres sports sont organisés avec les mêmes perfectionnements à l'Université de Harvard.

En traversant de nouveau, pour quitter l'Université, le yard si joli sous l'abri de ses grands arbres, je remarque plusieurs modestes villas devant lesquelles de familiales lessives achèvent de sécher. J'apprends que ce sont là les demeures de quelques professeurs et j'admire en moi-même que partout et toujours les vrais grands savants dédaignent les cadres luxueux et placent leurs méditations en dehors et au-dessus des choses où se complaît la vanité humaine.

L'Université est fermée du 15 juin au 1er octobre; il semble donc facile d'en suivre les cours sans se surmener. Mais, certes, il est nécessaire d'avoir une fortune assez considérable pour mener la vie agréable et libre d'un membre de l'Α Δ Φ et parcourir l'Europe durant ce long temps de congé. Peut-être nos étudiants français acquièrent-ils une instruction plus soigneusement détaillée; mais certainement, si leur culture est moins sommaire, elle est moins générale et moins pratique que celle des étudiants de Harvard auxquels la vigueur physique et une vie saine donnent aussi un meilleur équilibre de pensée.

En rentrant à Boston, le professeur Rotch veut aussi me faire voir l'École de Médecine que l'on est en train de bâtir. Jusqu'ici cette Faculté manquait à l'Université de Harvard : un milliardaire américain vient de combler royalement ce vide. L'on s'est donc mis bien vite à construire des palais de marbre et cinq bâtiments superbes offrent déjà un Musée d'histoire naturelle, des salles de conférence, des cliniques et des laboratoires.

Je me fais un devoir de visiter avec soin le musée d'art de chaque ville américaine pour étudier le goût artistique et le degré de culture esthétique des collections municipales d'outre-mer. Mais les musées d'antiques se ressemblent beaucoup entre eux. Au rez-de-chaussée, je retrouve toujours les moulages et copies, parmi lesquels émerge rarement un « original » et, au 1er étage, s'alignent généralement des tableaux modernes, pour la plupart français, et quelques toiles anciennes dont les attributions sont souvent erronées.

Le musée de Boston renferme des éléments intéressants. Les peintres doivent être nombreux dans l'Athènes américaine, car les abords du musée sont encombrés de magasins de peinture et d'objets d'art

Une des nombreuses usines qui enlaidissent le paysage.

et les salles remplies de jeunes élèves qui copient des antiques.

La bibliothèque qui se trouve auprès du musée est ornée par les belles et célèbres fresques de Puvis de Chavannes. Partout et toujours en Amérique on a le goût et le respect des livres et les bibliothèques sont toujours admirablement et luxueusement fournies et aménagées.

Je me trouve à Boston un samedi. J'y constate que le samedi est jour de fête. A partir de midi tout travail s'arrête et on tâche de s'amuser jusqu'au soir, car le dimanche est réservé au Seigneur et à une pieuse tristesse, surtout dans Boston restée excessinement puritaine. Donc ce samedi-là il fait beau, les rues sont remplies d'une foule animée et les vendeurs de journaux crient de tous côtés les nouvelles du grand match de foot-ball qui va se jouer dans la journée. C'est un des principaux matches de la saison et les Bostoniens s'y intéressent beaucoup. Une équipe de Harvard doit lutter contre l'équipe d'une université d'Indiens formée de véritables Indiens, petits-fils sans doute de ceux qui scalpèrent les grand-pères de leurs adversaires américains. Les membres de cette équipe ont conservé les noms légendaires que nous connaissons par les romans d'aventure de notre enfance : ils se nomment Pied-agile, Jambe-de-cerf, etc...

Je suis d'autant plus heureux d'assister à cette lutte que je me rappelle le temps où je faisais moi-même partie d'une des premières équipes de foot-ball qui furent formées en France. A cette époque, personne ne se dérangeait pour venir nous voir jouer sur la prairie de Bagatelle, au Bois de Boulogne. Mais ici, au contraire, la ville entière participe de tout son cœur au combat qui va se livrer. Dans les rues, les camelots vendent des drapeaux ou de petits ballons de rugby aux couleurs des deux équipes et les partisans de chaque camp arborent ces insignes. Le match a lieu au stade de l'Université de Harvard à Cambridge où nous nous rendons en automobile au milieu d'une cohue de dimanche parisien.

Nous arrivons à l'énorme stade en ciment armé, dont le plan reproduit celui du stade grec ; trente mille personnes sont réunies sur ses gradins. En face de moi se trouvent placés, au nombre de deux ou trois mille, les étudiants d'Harvard. Dès que leur équipe entre en jeu ils entonnent le cri d'Harvard ! Trois d'entre eux, placés au bas des gradins, se déhanchant de tout leur corps, donnent le signal au moyen d'un gigantesque porte-voix. C'est un hurlement qui s'échappe de ces trois mille poitrines : Harvard, Harvard, Harvard, Ha ! Ha ! Ha ! Les visages pâles et les peaux rouges sont aux prises et chaque coup intéressant de la partie provoque le même tumulte et les mêmes clameurs. Les Indiens, en revanche, ne reçoivent aucun de ces encouragements bruyants ; mais, aussitôt la partie engagée, ils ont saisi le ballon et l'un court en tête vers le but. Les premiers de Harvard l'ont à peine arrêté qu'il a déjà passé le ballon à un autre Indien et, le même mouvement se répétant avec dextérité, un avantage est conquis sur les Américains, cinq minutes après le début de la partie. Quand il s'agit de lancer le ballon au-dessus des perches qui marquent le camp d'Harvard, ces Peaux rouges font preuve d'une agilité dont un Européen ne me semblerait pas capable. C'est amusant de les voir, leurs longs cheveux flottant au vent, courir, comme sur le sentier de la guerre, en poussant des cris gutturaux couverts la plupart du temps par les vociférations de la foule. Mais le jeu lui-même me paraît d'une brutalité sauvage. Avant le « mi-temps » deux hommes ont été emportés la jambe cassée; il y en aura cinq hors de combat à la fin de la partie. Dans le camp américain, une sorte de colosse excite l'admiration par la façon dont il arrête les « avants » indiens qui veulent faire entrer le ballon au but; mais, sous des assauts répétés, il finit par tomber, lui aussi, la jambe cassée, ce qui porte à son comble l'excitation des spectateurs. Un léger coup de sifflet de l'arbitre suffit cependant pour faire cesser les plus ardentes mêlées au moment où une faute est commise. Les équipes américaines ont des qualités d'homogénéité, de rigoureuse discipline que les nôtres ne connaissent pas ; chaque membre y travaille pour la communauté seulement, sacrifiant l'intérêt personnel à celui du groupe, contrairement à ce qui se passe en France, où tous veulent briller pour leur propre compte.

Malgré l'énergie de l'équipe Harvard, l'équipe indienne finit par l'emporter. A peine ce résultat obtenu, les spectateurs, animés d'une ardeur semblable à celle des joueurs, se précipitent vers les autos, les voitures et les tramways. Nous dînons à l'Algonquin-Club, un des principaux clubs de Boston, ce qui ne me paraît pas un changement, tous les clubs se ressemblant plus ou moins. Un des plus originaux est peut-être l'Exchange-Club où j'ai déjeûné un matin dans le quartier des affaires. On y va surtout pour les repas. Il offre comme caractère particulier d'avoir, à chaque étage, une salle à manger spéciale : au rez-de-chaussée un grillroom, à l'étage supérieur un restaurant, plus haut une table d'hôte, enfin une salle où les femmes sont admises. Chacun peut choisir son étage suivant le genre de repas qu'il désire.

Le soir on m'emmène voir le chef du « fire département » qui commande tous les pompiers de Boston. 1.100 hommes environ sont sous ses ordres. Les incendies se distinguent par leur violence comme par leur extrême fréquence; tout se passe en grand ici, et il faut des machines très puissantes pour envoyer l'eau sur les hauts buildings en flammes. Je visite la chambre de veille où le chef se tient toujours prêt à partir au premier appel. En cas d'incendie, une sonnette le réveille, il saute dans ses bottes disposées, ainsi que ses vêtements, de façon à être mis en une seconde et monte dans l'automobile qui attend toute prête. J'accepte sa proposition de faire un tour avec lui comme s'il s'agissait d'aller au feu ; il regrette de ne pouvoir me montrer le spectacle d'un véritable incendie. Nous montons dans l'auto, puissante machine à vapeur de 60 chevaux conduite par un lieutenant. A l'avant, une grosse cloche sonne à toute volée. Il est minuit, l'heure de la sortie des théâtres, les rues sont pleines de monde et cependant nous passons partout à une vitesse de

70 kilomètres à l'heure. Au son de la cloche les policemen font se garer précipitamment les passants, les trams bloquent leurs freins, les voitures se rangent, la circulation est totalement interrompue. Nous parcourons plusieurs rues à cette allure folle, puis nous nous dirigeons vers le quartier de Black bay où se trouve un important poste de pompiers. A notre arrivée le chef commande au lieutenant de garde de donner l'alerte. Celui-ci appuie sur quelques boutons électriques : aussitôt le hall s'éclaire, les hommes descendent du plafond le long des perches disposées à cet effet, les chevaux se placent sous les harnais qui tombent sur leur dos, la sirène de la pompe à vapeur commence à rugir, les portes s'ouvrent et tout le monde va s'élancer vers un incendie imaginaire lorsqu'un geste du chef arrête le mouvement et fait, de nouveau, régner le silence. J'examine alors les pompes, les échelles et surtout la « water tower », sorte de tour montée sur roues et qui peut lancer de puissants jets d'eau à différentes hauteurs. Nous rentrons plus tranquillement à notre point de départ, où le chef me montre son livre du feu. Là sont inscrits chaque incendie, les noms de ceux qui luttèrent contre le feu, le nombre de pompes employées, etc. Ce sont de vrais mémoires de combat.

Avant mon départ de Boston, j'ai réponau à une invitation du professeur Rotch me priant de venir passer une journée à son observatoire de Blue Hill, situé à 18 kilomètres de la ville. La promenade ne manque pas de charme; on suit des avenues bordées de villas dont plusieurs pourraient s'appeler des châteaux. Nous laissons l'auto à la porte de M. Rotch et montons à pied la colline. Du sommet la vue s'étend sur Boston tout entière, les rivières, les baies, la mer et les îles. La petite tour trapue qui sert d'observa-

Pittsburg.

toire est le premier poste météorologique installé aux États-Unis. Le professeur Rotch est un météorologiste célèbre ; il consacre à la science, non seulement ses loisirs, mais sa fortune. Cinq assistants travaillent à l'observatoire sous ses ordres. C'est lui qui, le premier, imagina de sonder l'atmosphère au moyen de cerfs-volants, méthode mise ensuite en pratique par les

Allemands et les Français. Il parvint à lancer ses cerfs-volants à 5.000 mètres de hauteur. Accompagné par un Français, M. Teisserenc de Bort, il entreprit également dans l'Atlantique des croisières au cours desquelles il réussit à déterminer l'existence d'un contre-alizé à partir de 10.500 mètres de hauteur au moyen de ballons sondes. La météorologie est d'ailleurs plus étudiée en Amérique qu'en France ; la situation des villes de l'Ouest s'y prête mieux à l'observation du temps, les dépressions atmosphériques suivent généralement une direction Ouest. On est arrivé à dresser des cartes d'une précision remarquable à l'aide desquelles il est souvent possible de préciser les vents et le temps plusieurs jours d'avance. La météorologie étant encore à ses débuts, il est intéressant de rappeler ceux qui, les premiers, ont contribué à en faire une science d'observation que l'entente internationale rendra féconde en résultats.

De retour à l'hôtel, un détail que je n'avais pas encore remarqué attire mon attention. Dans chaque building une boîte aux lettres est placée à tous les étages, munie d'un conduit de verre qui laisse tomber les lettres dans la boîte centrale du rez-de-chaussée où le facteur vient les prendre. Système assurément plus pratique que le nôtre qui, dans les bureaux importants, exige un homme spécial pour porter la correspondance.

Mais l'heure est venue de quitter mes amis de Boston car je tiens à avoir un aperçu du Canada, l'ancien pays français. Je m'embarque donc pour Québec.

XI

Québec

Québec

Le train roulait silencieusement lorsque je m'éveillai. La neige qui couvrait tout le pays me donna l'explication de ce calme. Dans l'atmosphère lourde du wagon, je ne perçois pas le froid extérieur et je regarde à l'abri des doubles glaces défiler les prairies, les forêts de sapin revêtues de blanc et parfois de jolis villages en bois au milieu desquels un svelte clocher s'élève, pareil à ceux de nos campagnes de France.

Depuis le lever du jour nous roulons sur la terre canadienne. Et, lorsque le train s'arrête à une petite station, j'entends avec étonnement parler français autour de moi, un français traînant comme celui de nos provinces de l'Ouest. Quel contraste au sortir des États-Unis! Au buffet, les mêmes accents familiers raisonnent, bien que personne ici ne soit Français. De leur première origine, en effet, les Canadiens n'ont conservé que la langue et, si l'Anglais ne peut s'imposer chez eux, c'est grâce surtout à l'influence de la religion catholique en opposition avec le protestantisme, dont tous les fidèles parlent anglais.

J'arrive dans l'après-midi à Lewis sur les bords du Saint-Laurent où le train s'arrête faute de pont pour traverser le fleuve. La neige a cessé de tomber. Nous ne sommes qu'au début de l'hiver et ce premier froid n'est rien en comparaison de ceux qui vont suivre, des températures de 20 à 30 degrés au-dessous de zéro dont la durée se prolonge pendant des mois. Le fleuve, qui a plusieurs kilomètres de large, est alors complètement gelé et se traverse à pied. Québec se dresse en face de Lewis, surmonté de sa citadelle. Un ferry-boat m'y conduit et je mets enfin le pied dans cette vieille ville française, la première que nous ayons fondée dans le pays.

Tandis que les Anglais pénétraient dans l'Amérique du Nord par Boston et New-York, nos marins découvraient le Saint-Laurent, s'installaient successivement le long du fleuve, à Québec, à Montréal, puis s'avançaient jusqu'au cœur de l'Amérique, en suivant les lacs. Plus tard et d'un autre côté, les Français devaient fonder encore la Nouvelle-Orléans, à l'embouchure du Mississipi, et remonter ce second fleuve comme le premier, en s'établissant sur ses bords, si bien que, venus en Amérique par deux points complètement opposés, le Nord-Est et le Sud-Est, ils se trouvaient au xviiie siècle, grâce à la situation géographique du Saint-Laurent et du Mississipi, tenir deux portes donnant accès par des voies naturelles dans l'intérieur de la contrée et circulaient tout le long de la ligne formée par le Saint-Laurent, les lacs et le Mississipi. Nos trappeurs avaient visité toute l'Amérique alors que les Anglais possédaient peu d'établissements hors de la côte. On peut se faire une idée de la puissance que représentait cette France, déjà si

Bateau avec roue arrière, employé sur les fleuves d'Amérique.

grande en Europe, lorsque ses aventureux pionniers parcouraient ainsi les États-Unis et le Canada et que, d'autre part, Dupleix entreprenait la conquête de l'Inde. Mais les peuples s'inquiétaient moins dans ce temps de la question du partage du monde. Il ne nous reste que le beau souvenir d'avoir découvert ce pays américain où se parle encore notre langue et dont les villes portent des noms français. Lorsque l'Angleterre nous l'eût pris, la Cour de Versailles considéra que la cession de ces quelques arpents de terre ne valait pas une discussion ! Aujourd'hui le Canada, plus vaste que les États-Unis, forme une des plus belles colonies de l'Angleterre; sa richesse actuelle est immense et son avenir plein de promesses. De nouveaux colons viennent chaque jour s'y établir, mettant en valeur les vastes régions encore inhabitées. Le climat froid et rigoureux n'en est pas moins très sain. En dehors de toute question d'intérêt, quel merveilleux pays pour une vie un peu sauvage, quelles expéditions on pourrait y faire et quel territoire magnifique pour la chasse et la pêche !

Les neuf dixièmes des habitants de Québec sont français et catholiques. Les affiches et les devantures des magasins présentent un bizarre mélange de mots anglais et français, mais l'aspect de la ville reste entièrement français. On y retrouve le souvenir de nos vieilles cités, pleines d'églises et de couvents, avec leurs petites ruelles et des remparts dont une partie est transformée en terrasses. Le vaste horizon du fleuve qui coule à 80 mètres au-dessous de la ville est borné très loin par l'île d'Orléans ; il me semble être en face d'un grand lac et j'admire ce paysage pittoresque dominé par la citadelle, cette basse ville où j'aperçois la petite église de Notre-Dame-des-Victoires, élevée par Champlain en 1608. Mes impressions ressemblent si peu à celles que j'éprouvais dans l'atmosphère animée et bruyante de Chicago ou de New-York et il me paraît si étrange de me retrouver dans un milieu français, calme et tranquille! En fait de hauts bâtiments plus que des clochers d'églises dont les sonneries bercent la cité tranquille; les environs du port ont le même air paisible et la neige qui se remet à tomber semble répandre du silence. Accoudé à la balustrade d'une terrasse, je

La Maison blanche.

songe au passé brillant, à tout ce qu'ont réalisé les Français d'avant nous, aux richesses qu'ils laissaient perdre, à ces étrangers qui parlent ma langue et je me sens d'autant plus français que j'ai quitté la France. Il suffit de quitter son pays pour vous donner des sentiments de patriotisme.

La nuit approchant me décide à rentrer. L'hôtel où

je suis descendu s'appelle le château de Frontenac; mais tout y est anglais, jusqu'à la grande cheminée de la salle à manger avec son beau feu de bois où deux pages armés d'une fourche en cuivre font rôtir des toasts qu'ils nous présentent tout chauds. Les Anglais sont décidément de merveilleux colonisateurs et je suis obligé d'admirer la façon dont ils ont su conquérir les Canadiens, devenus leurs sujets fidèles et loyaux, grâce au tact déployé pour laisser à chacun son indépendance de vie et ses habitudes. Cependant les familles d'origine française forment un groupe très séparé et la différence de religion empêche les mariages franco-anglais qui pourraient servir de trait d'union. Nos compatriotes restent de préférence agriculteurs ou adoptent des professions libérales, tandis que les Anglo-saxons règnent dans le domaine de l'industrie. Toujours ces mêmes différences qui font paraître la race latine moins forte dans la lutte pour les affaires.

Sur les 60 députés de la province de Québec, 45 sont français. Un usage particulier rend le « speaker » propriétaire, à la fin de son mandat, du fauteuil où il siégeait. La façade du palais du parlement est ornée des statues de tous les Français qui découvrirent le Canada et les salles où se réunissent les différentes chambres présentent sur leurs boiseries les armoiries des grandes familles canadiennes. Les environs de ce Palais forment de nouveaux quartiers en dehors des fortifications ; ce ne sont plus que de larges avenues et des villas modernes. Je rentre en ville par la porte

Saint-Louis qui a été restaurée dans son ancien style, puis je vais visiter l'Université Laval dirigée par des prêtres catholiques et dont l'influence contribue puissamment à faire prédominer la langue et le caractère français. On y décerne des brevets d'ingénieurs et des titres de docteurs en médecine et en droit. La réputation de l'Université Laval égale celle des meilleures universités anglo-saxonnes. Les salles, les laboratoires, la manière de professer, tout y est bien français. Les musées d'histoire naturelle et de peinture de l'Université laissent seuls beaucoup à désirer ; la plupart des tableaux y sont vraiment exécrables. En sortant, j'erre encore parmi les petites rues provinciales, je jette un dernier coup d'œil sur l'admirable paysage du Saint-Laurent de la terrasse Duffrein, puis je dis adieu à Québec et à la statue de Champlain dont le socle indique en français et en anglais les principaux exploits de sa vie. Ma route me conduit ensuite à Montréal.

XII

Montréal

Montréal

Toujours la neige. Au loin, j'entrevois, de temps en temps, les rives du Saint-Laurent. Le pays est plat, bien cultivé ; à part les maisons de bois, on pourrait se croire en Beauce. Il fait nuit lorsque j'arrive à Montréal et monte dans un vieux fiacre aux lanternes dorées d'un autre siècle qui me conduit à l'hôtel, un hôtel vaste et inhospitalier où je retrouve un ami anglais arrivant de Colorado et qui rentre par Québec en Angleterre. Si je ne devais encore visiter Philadelphie et Washington je rentrerais avec lui. Montréal est plus anglais que Québec ; les Français habitent une partie de la ville appelée « le quartier français ». J'arrive trop tôt pour jouir des sports d'hiver et voir les courses de patinage, de toboggan et de skis. La rue Sherbroke, dont les maisons sont fort belles, doit offrir un singulier spectacle lorsque tous les équipages sont remplacés par de jolis traîneaux. La cathédrale a l'air d'une forteresse ou d'une prison, malgré sa façade, une désagréable copie de Saint-Pierre de Rome.

Une autre église, Notre-Dame, est plus curieuse; l'intérieur en est enluminé comme un missel, d'ailleurs avec très mauvais goût, le plancher présente une pente afin qu'on puisse voir le chœur de toutes les places; il en est de même des galeries, étagées comme les gradins d'un théâtre.

La banque de Montréal, belle salle dont la voûte est supportée par des colonnes, ressemble davantage à une église.

Comme d'habitude on trouve à Montréal sur différentes places les statues des premiers fondateurs de la ville et les noms des premiers habitants gravés sur des bas-reliefs représentant les combats tenus contre les Indiens à cette époque de conquête. Pour un français il est très intéressant de visiter le musée du château de Ramezay, gouverneur au commencement du XVIIe siècle. On a entassé là tous les souvenirs se rapportant à l'occupation française au Canada. Un petit salon rempli de meubles de l'époque et la cuisine sont arrangés avec assez de goût. Ce château était jadis le centre intellectuel de Montréal; on y recevait les nouvelles de France, de la Cour surtout, et quelques femmes intelligentes s'y réunissaient, celles qui avaient eu le courage de suivre leurs maris sur cette terre lointaine, appelée par les courtisans de Louis XIV « un désert de glace ». Aujourd'hui le marché est situé près du château Ramezay. On y entend les cultivateurs des environs discuter longuement, en français, leurs ventes et leurs achats comme sur nos marchés de province. L'accent est le même, les blouses et les coiffes seules font défaut.

Hors de Montréal se trouve une belle université protestante, rivale de l'Université de Québec, où les cours ont lieu en anglais et qui répond exactement au type des universités américaines. Ces oppositions

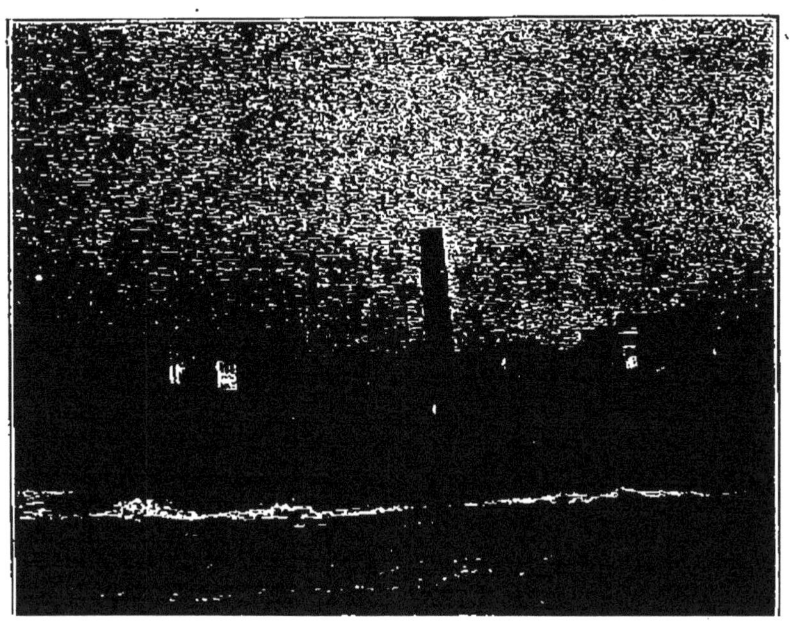

Un ferry-boat.

de races, de langues et de religion qui élèvent des séparations si marquées entre les habitants de Montréal font la ville très différente des cités américaines, où deux générations suffisent aux familles émigrantes pour que toute trace de leur origine primitive soit effacée.

On m'engage à aller voir les rapides formés par le Saint-Laurent à Laschine, à quelques kilomètres de

Montréal. J'y parviens difficilement, grâce à une erreur de train qui m'oblige à stationner longuement dans un horrible faubourg sous la neige. La vue de ces rapides ne me dédommage pas de ma peine. Ils paraissent bien peu de chose quand on se souvient de ceux de Niagara formés par ce même fleuve à quelques centaines de kilomètres plus haut. Mais l'endroit est agréable en été lorsqu'on peut y faire de la natation et se livrer à d'autres sports variés. Malheureusement, ici comme partout, d'affreuses usines de force motrice défigurent le paysage. Nous allons ensuite faire une excursion à Mont-Royal, colline boisée qui forme un parc derrière la ville et d'où l'on jouit de toute la vue de Montréal et du fleuve coupé par le grand pont Victoria. Ce pont métallique de deux kilomètres et demi de largeur passait autrefois pour une curiosité comme construction hardie. Le Mont-Royal est un lieu de rendez-vous tous les après-midi, les voitures et les cavaliers y sont assez nombreux. On achève d'y tracer des pistes pour les courses de toboggan ; la neige atteint déjà une épaisseur de cinquante centimètres, mais le soleil éclatant sur toute cette blancheur produit des effets pittoresques. C'est mon dernier jour au Canada. Cette semaine passée hors des États-Unis m'a suffi pour avoir un aperçu de Québec et de Montréal et réaliser les différences existantes entre deux pays voisins. Le Canada, colonie anglaise, ressemble bien plus à l'Europe que les États-Unis où règne un peuple tout neuf et sans attache avec le passé.

XIII

Philadelphie

Philadelphie

Je repasse par New-York sans m'y arrêter et vais vers Philadelphie, où je suis invité par un banquier célibataire qui habite son club. Ainsi j'aurai pu apprécier les trois manières de vivre de la société américaine. J'aurai vu les gens sous leur propre toit, puis ceux qui sont locataires d'un appartement dans un grand hôtel et enfin le « bachelor » qui passe son existence quotidienne au club où il vit.

Le club de Philadelphie où je suis introduit vient d'être achevé. Aussi a-t-on voulu y dépasser en luxe et en élégance tout ce qui s'était fait jusqu'ici. Son premier étage ne le distingue en rien des autres clubs américains ; mais, comme il est plus particulièrement consacré aux sportmen, on a construit, au second étage, une grande piscine, des salles de douche et un hammam ; puis vient une salle de boxe et une vaste bibliothèque contenant tout ce qui s'est publié sur les sports de tous genres. Au-dessus encore de ces salles, des cours de tennis et de jeu de paume, couvertes et entourées de tribunes pour les spectateurs. On y peut jouer nuit et jour. Le sous-sol du club est machiné suivant les procédés et avec les complications et perfectionnements américains. Ce cercle subvient lui-même à ses besoins matériels de chaque jour; aussi compte-t-il pour le service 160 domestiques et employés divers. Un des côtés du Building est occupé par les appartements qui sont loués aux membres du club. A Philadelphie comme ailleurs, je suis reçu avec une amabilité et une bonne grâce qui m'ont donné la meilleure idée de l'hospitalité américaine. M. Chandler, mon hôte, étant occupé par ses affaires durant l'après-midi, pousse l'obligeance jusqu'à prier un de ses amis de me piloter à travers la ville.

Les Philadelphiens prétendent que leurs parcs sont les plus beaux d'Amérique. Une pluie battante m'empêche d'apprécier justement leurs mérites, mais ils me paraissent plus sauvages et accidentés que les parcs, d'ailleurs superbes aussi, des autres villes où j'ai passé. J'y admire de vastes serres remplies de magnifiques fleurs.

Philadelphie ressemble beaucoup à New-York. Au centre de cette grande ville agitée et bruyante se trouve le City-Hall (Hôtel-de-Ville) qui dresse sa tour écrasée par une colossale statue de Penn et dont la masse énorme est pressée et serrée de tous côtés par d'épaisses constructions. A deux pas du City-Hall j'ai pu visiter le grand établissement appelé Baldwin-work's, qui fabrique plus de 2000 locomotives par an et fonctionne avec la même perfection que d'autres ateliers similaires dont j'ai déjà parlé.

Non loin encore, dans Broadway, est situé le club des arts, plus spécialement réservé aux artistes. C'est une jolie construction Renaissance agrémentée de loggias et dont l'intérieur est conçu dans le genre de nos

New-York la nuit.

cercles européens. L'*Union-League*, où je déjeune, est plutôt un cercle politique. Il appartient au parti républicain et fut fondé en 1814, ce qui lui constitue une vénérable ancienneté. Aussi on y a réuni peu à peu une intéressante galerie de tableaux modernes.

L'Université de Pensylvanie ressemble à l'Université d'Harvard, quoiqu'elle soit moins célèbre et moins ancienne. Elle est construite au centre d'un parc et l'ensemble de ses bâtiments émergeant de la verdure est d'un aspect plus attrayant que celui de l'Université de Harvard. On vient d'y fonder et d'y achever un musée entouré de pièces d'eau régulières et de haies de buis taillées qui forment un coup d'œil agréable. Ce musée contient surtout de nombreuses collections concernant les diverses peuplades et civilisations américaines et des souvenirs de missions envoyées en différentes parties du globe par l'Université.

Je ne manque pas d'aller jeter un coup d'œil sur l'*Independance-Hall*, grande maison de briques, conservée telle qu'elle était en 1776, lorsque le Congrès s'y rassembla à la veille de la révolution américaine. C'est là que fut décidée la déclaration de l'Indépendance et ce souvenir confère tout un prestige à ce bâtiment rougeâtre. Il renferme maintenant tous les objets et documents relatifs à la révolution. J'y remarque, entre autres choses évocatrices, la « *liberty bell* », cloche qui sonna pour la première fois en Amérique après la déclaration de l'indépendance.

XIV

Washington

Washington

Trois heures de chemin de fer m'amènent à Washington, dernière étape de mon voyage. J'ai la déception de n'y pas trouver un ami sur qui je comptais pour me servir de guide ; aussi je visite la ville rapidement et plus superficiellement que les autres cités.

J'ai gardé pourtant une bonne impression de tous les palais d'État et ministères dressés parmi la fraîche verdure et les grands arbres. Des avenues très larges font de Washington une ville propre, bien aérée, gaie et d'un aspect différent de celui de toutes les autres villes américaines. On y sent une population moins agitée et moins fiévreusement occupée du « struggle for life ». Il est vrai qu'une grande partie de ses habitants sont des fonctionnaires et qu'en aucun pays du monde les fonctionnaires ne passent pour des gens pressés.

Le Capitole, centre du gouvernement américain et lieu où se réunit le Congrès, attire tout spécialement les regards. Il est situé sur une colline vers laquelle convergent de nombreuses avenues. Il dresse sa masse imposante et laisse émerger sa blanche coupole au-dessus des arbres. Il est, à l'intérieur, admirablement aménagé pour l'usage officiel auquel il est destiné. Auprès se trouve la bibliothèque du Congrès qui est, je crois, l'une des plus belles du monde. C'est un gigantesque édifice contenant une immense salle centrale, surmontée d'une coupole un peu trop surchargée d'ornements. Dans cette salle, trois cents lecteurs se trouvent à l'aise. Les livres leur sont apportés des rayons puis remis en place au moyen d'appareils automatiques et d'un ingénieux système de petits wagonnets roulant sur des câbles. Ce même système se charge d'amener les livres jusqu'au Capitole situé à quatre cents mètres de là et un sénateur américain qui désire être renseigné sur une question quelconque peut se procurer, en quelques instants, le livre dont il a besoin La bibliothèque contient même une salle de lecture pour les aveugles et j'y ai vu de curieuses machines à écrire suivant les différents systèmes de caractères employés pour les aveugles.

Le musée national est intéressant par ses souvenirs historiques. La défroque des grands hommes américains y occupe les places d'honneur. Toute la garde-robe et les objets familiers ayant appartenu à Washington, une quantité de souvenirs de Franklin s'y trouvent auprès de choses insignifiantes dont les propriétaires furent célèbres et qui se sont accumulées là pour prouver à quel degré et avec quelle naïveté parfois les Américains ont le culte du passé.

On peut admirer aussi à Washington la plus haute construction en pierre du globe. Elle se dresse sous la

La rade de New-York disparaissant dans le brouillard.

forme d'un obélisque colossal extrêmement laid, au sommet duquel on jouit d'une vue admirable sur la ville et la rade.

La galerie Corcoran, petit musée antique, contient quelques bons tableaux mêlés à bien des œuvres insignifiantes. Elle est d'une assez agréable architecture et renferme un joli patio entouré de deux étages de colonnes grecques.

Ma dernière promenade me conduit à la Maison Blanche, résidence du Président Roosewelt, de style américain, puis-je dire, puisqu'elle montre, comme toutes les villas américaines, le péristyle et ses inévitables colonnes. Elle est peinte en blanc et d'une austère simplicité auprès de laquelle notre Élysée semble un somptueux Palais. A l'intérieur tout est simple encore et l'on se sent là plus que partout ailleurs chez un peuple réellement républicain, pour qui l'égalité n'est pas un vain mot.

De retour à New-York, je passe une dernière soirée dans la contemplation de cette immense cité. Je retrouve la fièvre de Broadway, les orgies de cette lumière électrique qui raie la nuit de toutes parts.

Et par un matin froid et brumeux je quitte le port de New-York ; peu à peu les grandes maisons s'effacent et disparaissent, se perdant au fond du brouillard, et le paquebot entre dans la brume du large.

Je quitte ce pays avec regret emportant des Américains un excellent souvenir et plein d'une véritable reconnaissance pour ceux dont l'accueil me fut si hospitalier et dont l'amabilité m'a ouvert tant de portes et permis de voir tant de choses curieuses et originales. Après six jours d'une traversée sans incident, j'aborde au Havre au bout de trois mois de voyage. Pendant les semaines qui ont suivi mon retour, j'ai remarqué, d'une manière plus frappante, les différences essentielles qui existent entre la France et les États-Unis.

Certes nous avons beaucoup à apprendre des Américains au point de vue industriel et il serait désirable que nos jeunes ingénieurs allassent faire des stages dans les usines d'outre-mer. Peut-être auraient-ils ensuite plus d'intérêt à rentrer chez eux qu'à rester là-bas. Je ferai la même remarque au sujet des ouvriers. Ils sont payés plus cher aux États-Unis et ils y trouvent un certain confort matériel inconnu parmi nous, mais les distractions et l'atmosphère d'intimité qu'aime le Français leur manquerait. Aussi nos compatriotes émigrent-ils assez peu. Quand ils le font, c'est pour revenir au bout de quelques années et ils ne partent pas sans être assurés d'avance de trouver un emploi. L'habitude de se servir pour tous les besoins de l'existence de toutes sortes de machines et moyens mécaniques rend la vie américaine à la fois plus simple et plus compliquée. L'ouvrier y est plus exigeant et plus habitué à un certain luxe et à la propreté. Mais nous nous américanisons de plus en plus. Il y aura de moins en moins de différences notoires entre les deux rives de l'Atlantique, car de leur côté les Américains arrivent à s'édifier un passé. Certaines familles, sans parler même de l'argent qu'elles possèdent, forment déjà une sorte d'aristocratie. Dans quelques années les deux mondes se ressembleront fort.

Nous pourrons toujours conclure avec vanité que la France est plus agréable à habiter que les États-Unis, si nous appuyons cette affirmation sur le nombre toujours croissant d'Américains qui viennent vivre chez nous. Mais, pour apprécier mieux son pays, pour noter plus soigneusement ses avantages, rien n'est tel que de l'avoir quitté.

FIN

TABLE DES MATIÈRES

La traversée de l'Atlantique 9
New-York 17
Saint-Louis 35
La Coupe Gordon-Benett 45
Albany et Schenectady 55
Les chutes du Niagara 67
Buffalo 77
Chicago 85
Pittsburg 99
Boston 109
Québec 131
Montréal 141
Philadelphie 147
Washington 153

Angers, imp. Germain et G. Grassin. — 278-9

www.ingramcontent.com/pod-product-compliance
Ingram Content Group UK Ltd.
Pitfield, Milton Keynes, MK11 3LW, UK
UKHW012224240726
13966UKWH00003B/948

9 782013 495707